AF279873

ullstein

Schriftsteller, Mediziner, Historiker, Theoretiker, Übersetzer, Mann der Theaterpraxis und Herausgeber von Zeitschriften: Friedrich Schiller (1759–1805) war auf vielen verschiedenen Gebieten tätig. Dabei prägen zwei Aspekte sein gesamtes Werk. Erstens soll der Mensch frei sein, zweitens soll er ein ganzer Mensch sein – er soll an seiner Verstandesbildung ebenso arbeiten wie an seiner Herzensbildung. Die Begegnung mit Kunst muss dem Menschen beides ermöglichen: sich als frei und ganz zu erfahren. Das aber hängt ausschließlich von der Form eines Kunstwerks ab, und so präsentiert dieses Buch Schiller ebenso als Theoretiker wie als virtuosen Praktiker der Form.

DIRK OSCHMANN, geboren 1967 in Gotha, Studium der Germanistik, Anglistik und Amerikanistik in Jena und Buffalo / USA; seit 2011 Professor für Neuere deutsche Literatur an der Universität Leipzig; Gastdozent an der University of Canterbury / UK 2009; Gastprofessuren in den USA an der UC Davis 2006, der University of Notre Dame 2010 und der Brown University 2013. Bücher u. a.: *Bewegliche Dichtung. Sprachtheorie und Poetik bei Lessing, Schiller und Kleist*, München 2007; *Freiheit und Fremdheit. Kafkas Romane*, Basel 2021. Bei Ullstein erschien 2023 *Der Osten: eine westdeutsche Erfindung*, das auf große bundesweite Resonanz stieß und wochenlang auf Platz 1 der SPIEGEL-Bestsellerliste stand.

Dirk Oschmann

Friedrich Schiller

Eine kleine Werkschau

Ullstein

Besuchen Sie uns im Internet:
www.ullstein.de

Für Julia, Thies und Caroline

Ungekürzte Ausgabe im Ullstein Taschenbuch
1. Auflage Oktober 2024
© Ullstein Buchverlage GmbH, Berlin 2024
Wir behalten uns die Nutzung unserer Inhalte für
Text und Data Mining im Sinne von § 44b UrhG ausdrücklich vor.
Die Erstausgabe erschien 2009 unter dem Titel
»Friedrich Schiller« in der Reihe »UTB Profile«
im Böhlau Verlag GmbH & Cie, Köln / Weimar / Wien
Umschlaggestaltung: zero-media.net, München
Titelabbildung: akg-Images
(F. v. Schiller / Portrait by Gerhard von Kügelgen, 1808/09)
Satz: Pinkuin Satz und Datentechnik, Berlin
Gesetzt aus der IvyOra Text
Druck und Bindearbeiten: ScandBook UAB, Litauen
ISBN 978-3-548-07023-0

Inhalt

Woran liegt es, dass wir noch immer Barbaren sind?
Schiller

Vorwort zur Neuausgabe

Dieses Buch erschien zuerst 2009 im Verlag Böhlau/UTB in der Reihe *Profile*. Es war seit Langem vergriffen. Ich freue mich deshalb sehr, dass der Ullstein Verlag mir nun eine bibliografisch leicht aktualisierte Neuausgabe mit neuem Untertitel ermöglicht.

Die hochgradig ausdifferenzierte Literatur zu Schiller ist längst unübersehbar geworden. Das Buch unternimmt den Versuch, die Grundlinien seines kurzen, aber mannigfaltigen Schaffens in leicht zugänglicher Form zu skizzieren. Es verfährt dabei im Unterschied zu den meisten anderen Einführungen nicht biografisch, sondern orientiert sich an Werkphasen, Tätigkeitsfeldern und literarischen Gattungen im engeren Sinne. Die in rund 25 Jahren, nämlich von etwa 1780 bis zu Schillers Tod 1805 entstandenen Texte bezeugen das große Spektrum seiner Aktivitäten ebenso wie seine ungeheure Produktivität. Darüber hinaus zeigen sie ihn als einen der wichtigsten, radikalsten und einflussreichsten Dichter und Denker der anbrechenden Moderne.

Leipzig im Juni 2024   Dirk Oschmann

Einführung

Schiller war auf vielen verschiedenen Gebieten tätig: als Lyriker, Dramatiker, Erzähler, als Mediziner, Historiker, Theoretiker, als Übersetzer, Mann der Theaterpraxis und Herausgeber von Zeitschriften. Ungeachtet der Verschiedenheit der Gebiete hat er freilich immer wieder ähnliche, sein gesamtes Werk prägende Gesichtspunkte verfolgt. Zwei von ihnen ragen heraus, die sich beide auf die Bestimmung des Menschen richten. Erstens soll der Mensch *frei* sein: Er soll unabhängig von äußeren Zwängen und in der Lage sein, sich auf dem Fundament seiner Vernunft selbst zu bestimmen. Und zweitens soll er ein *ganzer* Mensch sein: Er soll an seiner Verstandesbildung ebenso arbeiten wie an seiner Herzensbildung und Körper und Geist in Einklang bringen.

Diese beiden Forderungen stellt Schiller aber auch an die Kunst, sofern sie den Menschen befähigen muss, sich in der Begegnung mit ihr als frei und ganz zu erfahren, als Sinnen- und Vernunftwesen zugleich. Ermöglicht wird diese doppelte Erfahrung jedoch ausschließlich durch die *Form* eines Kunstwerks. In seiner wichtigsten theoretischen Schrift, den *Briefen über die ästhetische Erziehung des Menschen*, heißt es dazu: »[D]enn durch die Form allein wird auf das Ganze des Menschen, durch den Inhalt hingegen nur auf einzelne Kräfte gewirkt. Der Inhalt, wie erhaben und weitumfassend er auch sey, wirkt also jederzeit einschränkend auf den Geist, und nur von der Form ist wahre ästhetische Freyheit zu erwarten.« (NA 20, 382)[1] Diesem starken, sowohl ästhetisch als auch anthropologisch aufgeladenen Konzept der Form sucht das vorliegende kleine Buch dahingehend zu entsprechen, dass es den Autor nach den Hauptgattungen seines Werkes geordnet präsentiert. Schiller gilt als »Idealist«. Was aber heißt »idealisieren«? Einen Gegenstand »in reine Form verwandelt« zu haben (NA 26, 227).

Am Ende sind zu jedem Kapitel jeweils fünf Publikationen aufgeführt, die als Minimalorientierung zur vertiefenden Auseinandersetzung mit dem behandelten Themenkomplex dienen können. Unverzichtbar für die Beschäftigung mit Schiller als Autor insgesamt sind die folgenden vier Überblicksdarstellungen:

Peter-André Alt: Friedrich Schiller. Leben – Werk – Zeit. München [2]2004

Helmut Koopmann (Hg.): Schiller-Handbuch. Stuttgart 1998

Matthias Luserke-Jaqui (Hg.): Schiller-Handbuch. Leben – Werk – Wirkung. Stuttgart 2005

Steven D. Martinson (Hg.): A Companion to the Works of Friedrich Schiller. Rochester 2005

Breit erfasst und kontinuierlich aktualisiert wird die Forschungsliteratur zu Schiller in der digitalen Schiller-Bibliografie des Deutschen Literaturarchivs Marbach am Neckar (https://www.dla-marbach.de/bibliothek/bibliografien/schiller-bibliografie/).

Für Hinweise, Vorschläge und Präzisierungen bin ich Julia Müller, Mario Hähnlein, Nikolas Immer, Harald Liehr, Stefan Matuschek und Stephan Pabst sehr zu Dank verpflichtet.

Schillers Sprache

Die Menschen suchen immer gleich Worte zu allem,
und durch Worte hintergehen sie sich dann. Jede Empfindung
ist nur einmal in der Welt vorhanden, in dem einzigen
Menschen der sie hat; Worte aber muss man von tausenden
gebrauchen, und darum passen sie auf Keinen.

Schiller an Charlotte von Lengefeld am 10. Februar 1790 (NA 25, 415)

Natur der Sprache – Natur des Menschen

Das 18. Jahrhundert reflektiert so intensiv und so umfassend über Sprache wie kaum eine Epoche zuvor. Dies liegt unter anderem am europäischen »Kampf der Sprachen«. Mit dem Bedeutungsverlust, den das Lateinische als allgemein verbindliche Kirchen- und Gelehrtensprache durch die Aufwertung der Volkssprachen seit dem 15. Jahrhundert erleidet, tritt zugleich die Frage ans Licht, welche Vorzüge und Defizite nun die einzelnen Volkssprachen aufzuweisen haben und wie es um ihre Hierarchie untereinander bestellt ist. Aus französischer Sicht etwa gilt das Deutsche als schwerfällig, ungelenk und letztlich nicht fähig zu großer Literatur. Im Gegenzug erscheint den Deutschen das Französische als oberflächlich und verlogen. Die Betrachtung der Sprachen führt also in einem zweiten Schritt auch zur Einschätzung der anderen Kulturen und Wertsysteme. Dabei verwandelt sich in der Epoche der Aufklärung das Nachdenken über die verschiedenen Sprachen allmählich in ein Nachdenken über *die Sprache*, vor allem über ihre Natur und ihren Ursprung, da man sich hier grundsätzliche Antwort verspricht auf die existenzielle Frage nach der Menschennatur selbst. Wenn die Sprache den Menschen in seiner natürlichen Anlage von anderen Lebewesen unterscheidet und er mithin als »Sprachgeschöpf« aufzufassen ist, wie Johann Gottfried Herder vorschlägt,[1] dann erscheint umgekehrt die Sprache als Ort, wo der Mensch seiner selbst als eines geschichtlich-kulturellen Wesens innezuwerden und wo er sich als ganzes Wesen zu begreifen vermag. Nach 1750 werden allgemeine Sprachnatur und allgemeine Menschennatur kontinuierlich aufeinander bezogen. Zu dieser anthropologischen Dimension der Sprache kommt außerdem die erkenntnistheoretische Einsicht hinzu, dass Wissen nicht ohne Sprache zu haben ist und dass die Art der sprachlichen Vermittlung von Wissen dieses selbst konstituiert und beeinflusst.

Für die Literatur und ihre Darstellungsverfahren konnte ein solch intensives Nachdenken über die Sprache nicht ohne Folgen bleiben. Beinahe jeder Dichter in der zweiten Hälfte des 18. und des frühen 19. Jahrhunderts hat sich mit dem Problem befasst, auf welche Weise das Sprachbewusstsein in die Poesie als »Kunst durch Sprache« (Wilhelm von Humboldt) einwandert und diese zugleich mitbestimmt. Auch Schiller befasst sich gründlich mit den Eigenheiten der Sprache, und die hierbei gewonnenen Überzeugungen wirken sich direkt auf seine Sprachverwendung aus.

Schillers Formalisierung der Sprache

Schillers Sprache ist schwierig, seine Reflexion von Sprachfragen ebenso. Das hat im Wesentlichen zwei Gründe. Erstens hält er im Unterschied zu etlichen Autoren seiner Zeit an der rhetorischen Tradition fest, vielfach auch mit Bezügen zum Barock, und verweigert die zeitgenössische Forderung einer »natürlichen Rede«. Mit Ausnahme von *Kabale und Liebe* sind beispielsweise seine Dramen fast durchgängig vom hohen Ton, also dem *genus grande* geprägt. Zweitens verwendet Schiller eine ganze Reihe zentraler Begriffe gezielt mehrdeutig. Das gilt besonders für seine theoretischen Schriften, greift jedoch auch auf die literarischen Texte über. Zu diesen Begriffen zählen etwa Natur, Freiheit, Schein, Bewegung, Schönheit, Spiel oder Technik. Für ihren ambivalenten und variablen Gebrauch ist er zum Teil scharf kritisiert worden, namentlich von Johann Gottlieb Fichte, der Schiller vorwirft, sich nicht an die Regeln klarer Begriffsverwendung zu halten, und beklagt, dass man sich Schillers Texte immer erst ins Schulmäßige »übersetzen« müsse, um sie verstehen zu können. Am 27. Juni 1795 heißt es in einem Brief Fichtes an den Autor: »Ihre philosophischen Schriften sind gekauft, bewundert, angestaunt, aber, soviel ich merke, weniger gelesen, und gar nicht verstanden worden.« (NA 35, 232)

Um sogleich ein anschauliches Beispiel für die angestrebte Mehrdeutigkeit zu geben, sei kurz der Begriff »Natur« betrachtet, der eines der zentralen Leitkonzepte des 18. Jahrhunderts darstellt. Ganz allgemein bezeichnet auch Schiller damit den Gegensatz zur Kultur oder das Wesen einer Sache. Doch sein Verständnis des Begriffs als solchen lässt sich nicht festlegen, weil er häufig dessen Bedeutung in Abhängigkeit von anderen Begriffen variiert, mit welchen er »Natur« jeweils zusammenspannt. So bedeutet »Natur« in Kombination mit »Schein« etwas völlig anderes als »Natur« in Beziehung zu »Freiheit«: Im ersten Fall meint »Natur« das Wahre, Echte, Ursprüngliche, im zweiten Fall jedoch das Triebgesteuerte, Determinierte, Unentrinnbare; im ersten Fall ist »Natur« demnach eher positiv besetzt, im zweiten Fall klar negativ. Die Begriffe »Schein« und »Freiheit« werfen je verschiedene Lichter auf den Begriff »Natur« und legen zugleich seine unterschiedlichen Facetten frei. Solch kombinatorische Sprachverfahren, durch Begriffe andere Begriffe in bestimmte Perspektiven zu rücken, nutzt Schiller ausgiebig, um einerseits den inneren Reichtum eines Wortes auszuleuchten und dieses andererseits semantisch beweglich zu halten. Seine Bedeutung bringt der einzelne Terminus also nicht schon mit, vielmehr entsteht sie erst durch das jeweilige *syntaktische* Gefüge. Mit Wittgenstein könnte man sagen: Über die Bedeutung eines Wortes entscheidet sein Gebrauch.[2] Der Anschein, mit dem Wort immer schon die Sache zu haben, wird auf diese Weise zerstört, weil das Wort zwar dasselbe ist, aber die Sache sich fortwährend ändert. Schiller rückt gewissermaßen die Wörter immer wieder von den Sachen weg, um den »Abgrund« zwischen beiden unablässig vor Augen zu führen, den ein verfestigender Sprachgebrauch verdecken würde und von dem er in einem Brief an Goethe vom 27. Februar 1798 spricht: »Ueberhaupt ist mir das Verhältniss der allgemeinen Begriffe und der auf diesen erbauten Sprache zu den Sachen und Fällen und Intuitionen ein Abgrund, in den ich nicht ohne Schwindeln schauen kann.« (NA 29, 212) Im Sinne einer Vergegenwärtigung dieses Abgrundes zwischen Wörtern und Sachen dienen folglich die Gegenbegriffe nicht allein der Perspektivierung, sondern der vom einzelnen Fall abhängigen semantischen Spezifikation.

Schiller war sich über die Spezifik der eigenen Sprache sehr wohl im Klaren. An Wilhelm von Humboldt schreibt er am 26. Oktober 1795: »Das mag seyn, dass meine *Sprache* immer künstlicher organisiert seyn wird, als sich mit einer homerischen pp Dichtung verträgt [...].« (NA 28, 84) Doch besteht sein Ziel gerade darin, auch beim Leser im Vollzug der Darstellung das kritische Bewusstsein für die Sprache als künstliches System wachzuhalten, damit von vornherein jeder Anschein einer vermeintlich natürlichen – »homerischen« – Sprache zerstört wird. Sein Wissen um diese Künstlichkeit war bereits Thema in einem Brief an Goethe vom 31. August 1794, in dem er sowohl sein Darstellungsverfahren knapp umreißt als auch den Unterschied zu Goethe hervorhebt: »Weil mein Gedankenkreis kleiner ist, so durchlaufe ich ihn eben darum schneller und öfter, und kann eben darum meine kleine Baarschaft beßer nutzen, und eine Mannichfaltigkeit, die dem Innhalte fehlt, durch die Form erzeugen. Sie bestreben Sich, Ihre große Ideenwelt zu simplificieren, ich suche Varietaet für meine kleinen Besitzungen. Sie haben ein Königreich zu regieren, ich nur eine etwas zahlreiche Familie von Begriffen, die ich herzlich gern zu einer kleinen Welt erweitern möchte.« (NA 27, 32) Und tatsächlich ist es eine »durch *Form* erzeugte Mannichfaltigkeit«, indem Schiller die oben erwähnte Reihe von Begriffen, fallweise ergänzt um weitere Termini, immer wieder aufs Neue arrangiert und durchspielt und deren semantische Beziehungen untereinander immer wieder anders in den Blick zu nehmen versucht. Wiederholung, Variation und Formalisierung gehören somit zu den sprachkritischen Grundprinzipien seines sich über fast dreißig Jahre erstreckenden Reflexionsganges. In Sachen Sprache ist Schiller nicht Idealist, sondern »Formalist« und zugleich Pragmatiker.

Allgemeinheit der Sprache – Individualität der Gegenstände

Zwar gibt es von Schiller keine systematische Abhandlung über Fragen der Sprache, doch thematisiert er sie kontinuierlich, ob nun in seinen literarischen Werken, seinen theoretischen Schriften oder seinen Briefen. Und in der Summe der Aussagen treten die Grundzüge seiner Auffassung deutlich hervor. Sie lassen sich im Wesentlichen aus dem vom Autor selbst exponierten und als geradezu schmerzlich empfundenen Widerspruch zwischen dem Allgemeinheitscharakter der Sprache und dem Postulat der Individualisierung entwickeln. Folgt man den *Kallias-Briefen*, seiner sprachtheoretischen Hauptschrift, dann scheint sich für Schiller die Natur der Sprache auf drei Aspekte zu beschränken: Sie ist abstrakt, in erster Linie aus willkürlichen Zeichen aufgebaut und hat eine »Tendenz zum Allgemeinen« (NA 26, 228). Über den seit Platon geführten Streit, ob die Sprache aus natürlichen oder willkürlichen Zeichen besteht, geht Schiller mit großer Leichtigkeit hinweg, weil eine Klärung nichts an der Natur der Sprache ändert und für Darstellungsfragen keine Rolle spielt. In aller Kürze fällt er sein Urteil: »Die Sache und ihr Wortausdruck sind bloß zufällig und willkührlich (wenige Fälle abgerechnet) bloß durch Uebereinkunft miteinander verbunden.« (NA 26, 227) Während etliche von Schillers Zeitgenossen, etwa Hamann oder Rousseau, an der Sprache kritisieren, dass sie abstrakt und aus willkürlichen Zeichen aufgebaut ist, empfindet

Schiller vor allem den dritten Punkt, nämlich die Tendenz zum Allgemeinen, als Mangel. Mit Nachdruck kommt er auf dieses Problem zu sprechen: »Das Medium des Dichters sind Worte; also abstrakte Zeichen für Arten und Gattungen; niemals für Individuen [...].« (NA 26, 227) Das aber ist der entscheidende Aspekt: Schon die Worte selbst, als kleinste Einheiten der Sprache, bezeichnen nicht etwas Einzelnes, Individuelles, sondern immer schon etwas Allgemeines, da Schiller sie als Gattungsbegriffe auffasst: »Gäbe es also überhaupt nur Worte oder Wortsätze, welche uns den individuellsten Charakter der Dinge, ihre individuellsten Verhältnisse und kurz die ganze objektive Eigenthümlichkeit des Einzelnen vorstellten, so käme es gar nicht darauf an, ob dieß durch *Convenienz* oder aus innrer Nothwendigkeit geschähe. Aber eben daran fehlt es.« (NA 26, 227 f.)

Allgemein ist die Sprache jedoch nicht nur, weil sie statt Individualbezeichnungen lediglich Gattungsbegriffe anbietet, sondern auch weil die grammatischen Regeln zur Verknüpfung dieser Begriffe wiederholbar sind und allgemein gelten: »Noch weit misslicher steht es um die Bezeichnung der *Verhältnisse*, welche nach Regeln bewerkstelligt wird, die auf unzählige und ganz heterogene Fälle zugleich anwendbar sind und nur durch eine besondere Operation des Verstandes einer individuellen Vorstellung angepaßt werden.« (NA 26, 228) In weiterer Zuspitzung dieser kausalen Relation heißt das: Weil die Sprache allgemein verfügbar ist, scheint alles Individuelle, sofern es in der Sprache erscheinen soll, unkenntlich zu werden. Der subjektive *Ausdruck* tiefster Gefühle wie beispielsweise Liebe oder Schmerz, den man in der zweiten Hälfte des 18. Jahrhunderts für einen hohen Wert hält, kann Schiller zufolge niemals gelingen, weil man auf Worte und grammatische

Regeln zurückgreifen muss, die allen gehören und demnach jede Menge »Abnutzungserscheinungen« aufweisen. Diese allgemeine Verfügbarkeit der Sprache aber entfernt sie von der Darstellung eines sinnlich anschaubaren Individuellen. Allgemeine Zeichen können auch nur Allgemeines bezeichnen. In dieser Perspektive vermag die Sprache an keinem Punkt als Medium eines authentischen Selbstausdrucks zu dienen. Schillers unausgesprochene Maxime lautet daher: Ist die Sprache allgemein und künstlich, dann soll man auch nicht die Illusion des Gegenteils erzeugen, wie es die zeitgenössischen Ausdruckskonzepte tun. Und deshalb hält er an der Rhetorik fest.

»Künstliche Zusammensetzung des Allgemeinen«

Schillers Aufmerksamkeit richtet sich nicht darauf, zu wissen, »was das Wort an sich selbst ist, sondern welche Vorstellung es erweckt« (NA 26, 227). Aus diesem Grund laufen auch beinahe alle seiner Äußerungen zur Sprache auf Probleme der Darstellung hinaus, die sich unmittelbar aus dem fundamentalen Allgemeinheitscharakter der Sprache ergeben, weil sie letztlich nur aus einer »Verbindung lauter allgemeiner Zeichen« (NA 26, 228) besteht. Im Kontrast zu seinen aufklärerischen Zeitgenossen fragt er daher weder nach dem Ursprung noch nach dem Wesen der Sprache, sondern hauptsächlich nach ihrer Potenz. Zugespitzt formuliert, interessiert ihn kaum, was die Sprache ist, wohl aber, was man mit ihr machen kann!

Daraus ergeben sich für ihn zwei Grundfragen:

[1] Auf welche Weise lässt sich die Einbildungskraft des Lesers oder Theaterzuschauers, also seine Fantasie, sprachlich so steuern und kontrollieren, dass präzise jene Empfindungen, Assoziationen und Gedankengänge ausgelöst werden, auf welche es dem Autor ankommt?

[2] Wie kann man die Wörter als allgemeine Zeichen dazu bringen, etwas Individuelles darzustellen?

Die erste Frage gilt der Angemessenheit der Darstellung in Bezug auf ihre Wirkung, die zweite Frage gilt der Angemessenheit der Darstellung in Bezug auf den konkreten Gegenstand, das heißt auf seine Individualisierung.

Die erste Frage lässt sich vergleichsweise rasch beantworten. Gemäß der rhetorischen Lehre von den drei Stilebenen, auch »Schreibarten« genannt, hat Schiller die Wahl zwischen *genus humile, genus medium* und *genus grande*, mithin zwischen der niederen, der mittleren sowie der erhabenen oder pathetischen Schreibart. Schiller entscheidet sich zumeist für die zuletzt genannte Möglichkeit des *genus grande*, weil es das Gemüt des Lesers am stärksten in Leidenschaft und Erregung zu setzen vermag, indem es den Leser durch bestimmte sprachliche Strategien überwältigt und zugleich kontrolliert. Dabei entspricht der pathetischen Rede in den Dramen die oft apodiktische, also keinen Widerspruch duldende Rede in den theoretischen Schriften.

Zur Klärung der zweiten Frage nimmt Schiller die Sprache als Ganzes in den Blick und nicht das einzelne Wort, das ja nur das Allgemeine ausspricht. Individualisierung des Gegenstandes setzt folglich übergreifende Darstellungsstrategien voraus, nämlich eine Kombinationskunst, eine spezifische Anordnung der Wörter in Satz und Text. Aus diesem Grund ordnet der

Autor die Darstellungsfunktion der Sprache grundsätzlich ihrer Bezeichnungsfunktion über; er misst also der syntaktischen Organisation der Sprache größere Bedeutung bei als der einzelnen Wortwahl.

Darin hatte ihm bereits Johann Jakob Engel vorgearbeitet, der eine Reihe von Überlegungen formuliert, die auf Schillers Lösungsansatz für das Problem der Individualisierung vorauszudeuten scheinen. Engels Schrift *Über Handlung, Gespräch und Erzählung* aus dem Jahr 1774 kritisiert vor allem das Unvermögen der Sprache zur Erfassung des Individuellen, näherhin aber zur »Beschreibung der Seele«. Jeder rechte Dichter werde feststellen, so Engel, »dass die Sprache aus lauter Zeichen allgemeiner Begriffe besteht, und dass er diese allgemeinen Begriffe nur vergebens zusammenhäuft, weil doch das Individuelle noch etwas anders, als eine Summe allgemeiner abstrakter Eigenschaften ist«. Engel sieht keine Möglichkeit, das Dilemma in der Darstellung zu beheben, weil weder die »eigentlichen Wörter«, also »eine Menge trockner abstrakter Begriffe«, die Individualisierung leisten, noch der Versuch, »in Metaphern und Gleichnissen« zu sprechen. Da beides am Ende auf eine »vergebliche Zusammenhäufung« hinausläuft, schlägt Engel vor, die »Beschreibungen der Seele« und mit ihr die »beschreibende Poesie« insgesamt zu verwerfen.[3]

Wie kann also das Kunstwerk mit dem Allgemeinen der Sprache sowie dem Allgemeinen der Gattungen und Formen nun überhaupt etwas Individuelles darstellen? Schillers Antwort lautet: erstens durch Kombination des Allgemeinen und zweitens durch Flexibilisierung der Gattungen und Formen.

Zwar teilt Schiller weitgehend Engels Einschätzung des begrenzten Darstellungsvermögens der Sprache, doch zieht er andere Schlussfolgerungen. Statt von »vergeblicher Zusammenhäufung« spricht er von »künstlicher *Zusammensetzung des Allgemeinen*« (NA 26, 228) und hofft, durch spezifische Kombination der allgemeinen Redeteile das Individuelle des Gegenstandes dennoch vergegenwärtigen zu können. Damit würde nicht nur die Freiheit des Künstlers gewahrt, sondern zugleich, wie es in dem Aufsatz »Über die notwendigen Grenzen beim Gebrauch schöner Formen« heißt, ein »Triumph der Darstellung« erzielt werden (NA 21, 14). In dieser Perspektive ist die Dichtung wesentlich eine Kombinationskunst, welche die Wörter so organisiert, dass sie, obwohl sie etwas Allgemeines bezeichnen, dennoch im Zusammenhang etwas Individuelles darstellen. Schillers Sprachkonzept ist demnach weniger lexikalisch als vielmehr syntaktisch ausgerichtet und gehört damit in den Kontext einer übergreifenden Aufwertung syntaktischer Aspekte am Ende des 18. Jahrhunderts.

Chiasmen und Sentenzen

Nimmt man konkrete, auf Individualisierung und semantische Beweglichkeit hin angelegte Sprachverfahren in den Blick, an denen sich Schillers technisch-pragmatischer Zugriff auf die Sprache beobachten lässt, begegnet man sogleich einem Spezifikum von Schillers Stil, auf das vor allem Elizabeth Wilkinson hingewiesen hat, nämlich der vielfachen Verwendung der rhetorischen Figur des Chiasmus, den sie ausdrücklich als Schillers »Lieblingsfigur« bezeichnet. Mit der Gegenüberstellung von »Freiheit in der Technik« (NA 26, 210) und »Technik in der Freiheit« (NA 26, 202) in den *Kallias-Briefen* ist ein signifikantes Beispiel hierfür gegeben. Dabei bildet der zweite

Ausdruck nicht einfach eine Umkehrung oder kombinatorische Variation des ersten. Vielmehr ist der Leser gezwungen, beide Begriffe jeweils anders zu verstehen und die Differenz der Bedeutung in der Identität der Zeichen anzuerkennen. Der Chiasmus entspricht als syntaktische Kreuzfigur der von Wilkinson ebenfalls herausgestellten »Vorliebe Schillers für umgekehrte Proportion« und »syntaktische Symmetrie«. Dass der Autor aufgrund dieser Vorliebe zuweilen die Logik der Rhetorik opfert, wie Wilkinson andeutet, leuchtet unmittelbar ein. Schließlich ist es allemal der ästhetische Effekt, so sein Einwand im Streit mit Fichte, welcher Texten ihren bleibenden Wert verleiht. Darum begegnet man Chiasmen in seinen theoretischen Abhandlungen ebenso wie in seinen literarischen Texten.

Bei genauerer Betrachtung gibt der Chiasmus noch eine Reihe weiterer Vorzüge zu erkennen, die unmittelbar mit Schillers Sprachkonzept zusammenhängen. Insofern stellt er nicht bloß eine stilistische Eigentümlichkeit dar, sondern auch ein bewusst funktionalisiertes, strategisches Formelement, dessen immanente Kombinatorik der Autor sich zunutze macht. Wilkinson kommt zu dem Schluss, dass Schillers Darstellungstechnik, etwa durch den Chiasmus den Satzbau hervorzuheben und begriffliche Reihen zu bilden, dem Ziel verpflichtet ist, die »Aufmerksamkeit vom Inhalt der Begriffe selbst auf ihre dynamischen Beziehungen untereinander« zu lenken. Der Chiasmus erweist sich somit als eine unmittelbar sprachliche Möglichkeit, der in der Sprache nach Schiller ohnehin angelegten Tendenz zur Verfestigung der Wörter als Gattungsbegriffe entgegenzuwirken. Denn er führt die zu Begriffen geronnenen Wörter aus ihrer Gattungshaftigkeit heraus und individualisiert sie, indem er sie in immer neue Verknüpfungen bringt und damit beweglich hält. Als rhetorische Figur von großer Eigendynamik dient der Chiasmus Schiller gleichsam als sprachliches Spiel- und Experimentierfeld im Rahmen ästhetischer und philosophischer Theoriebildung. Die Klage der Zeitgenossen, er bediene sich in seinen philosophischen Schriften einer unscharfen Terminologie und müsse deshalb stets, wie Fichte meint, erst ins Schulmäßige »übersetzt« werden, geht an seinem Sprachverständnis vorbei, da es ihm gerade darauf ankommt, Festschreibungen zu vermeiden.

Außerdem kommt der Chiasmus Schiller noch in einer weiteren Hinsicht entgegen, da er sich zur Formulierung von Sentenzen eignet. Die Neigung des Autors zu Sentenzen, seine außerordentliche Begabung zur pointierten Rede überhaupt hat der deutschen Mentalität und Alltagskultur eine Fülle an Maximen und geflügelten Worten beschert. Von »Dem Mann kann geholfen werden« (NA 3, 135) aus den *Räubern* oder »Der Mohr hat seine Arbeit gethan, der Mohr kann gehen« (NA 4, 73) aus *Die Verschwörung des Fiesko zu Genua* über den anthropologischen Kernsatz »Der Mensch ist nur da ganz Mensch, wo er spielt« (NA 20, 359) aus den *Briefen über die ästhetische Erziehung* bis hin zu »Der kluge Mann baut vor« (NA 10, 144) aus *Wilhelm Tell*, um nur wenige Beispiele zu nennen: Stets findet man in Schillers Texten Sätze von solch spruchhafter Verdichtung.

Sentenzen in Gestalt von Chiasmen aber offenbaren neben der nötigen Prägnanz zusätzliche Qualitäten, mit denen sich etwa Figuren im Drama auf indirektem Wege noch deutlicher selbst charakterisieren können, durch außerordentlichen Scharfsinn oder boshaften Witz beispielsweise. Wenn eine der gefährlichsten Gestalten in *Don Carlos*, nämlich Herzog

Alba, das Folgende äußert, beschreibt er nicht nur eine politische Situation, sondern präsentiert sich zugleich in seiner abgründigen Bedrohlichkeit: »Ihm [dem König] mocht' es wohl bekannt sein, wie viel leichter / die Sache sei, Monarchen fortzupflanzen / als Monarchieen – wie viel schneller man / *die Welt mit einem Könige versorge, / als Könige mit einer Welt.*« (NA 6, 86) Auch die gezielte Boshaftigkeit, mit der Elisabeth von England ihre Gegnerin Maria Stuart in der gleichnamigen Tragödie zu demütigen versucht, indem sie deren männerverzehrende Vergangenheit anspricht, gewinnt durch den ästhetischen Effekt des Chiasmus: »Es kostet nichts, die *allgemeine* Schönheit / Zu sein, als die *gemeine* sein für *alle*!« (NA 9, 91) Und die bereits zitierte, vielfach im Alltagsbewusstsein verankerte Sentenz aus den *Briefen über die ästhetische Erziehung* lautet in ihrer korrekten und vollständigen Version nicht nur leicht anders, sondern gründet ihren anthropologischen Anspruch geradezu auf der rhetorischen Energie und ästhetischen Wirkung eines Chiasmus: »Denn, um es endlich auf einmal herauszusagen, *der Mensch spielt nur, wo er in voller Bedeutung des Worts Mensch ist,* und er *ist* nur *da ganz Mensch, wo er spielt.*« (NA 20, 359)

Der Chiasmus gestaltet einen Gegensatz deutlich und einprägsam, bringt ihn jedoch durch seine sprachliche Gestalt wieder in die Schwebe, weil er in einem Satz dieselben Wörter in zwei verschiedene Beziehungen einbindet und damit zwei unterschiedliche Bedeutungen provoziert. Die Verführung durch das Spielerisch-Formelhafte des Chiasmus kann demgemäß auch als Betonung des Allgemeinheitscharakters der Sprache verstanden werden, insofern, als sie ohnehin der Unfähigkeit zur Individualisierung verdächtigt wird. Chiasmus (Struktur) und Sentenz (Gehalt) sind also schon als

Sprachformen Ausweis des nicht aufhebbaren sprachlichen Soseins und zugleich bewusste Ausnutzung dieses sprachlichen Soseins.

Das Allgemeine der Sprache: Formeln und Formalisierungen

Aus diesem Blickwinkel entspricht der terminologischen Formalisierung, welche sich in Schillers theoretischen Schriften beobachten lässt, die tendenzielle Formelhaftigkeit der Figurenrede in seinen literarischen Texten. Zudem führt sowohl in den theoretischen Schriften als auch in den Dramen das abermalige Aufgreifen eines Wortes in veränderter Konstellation zu einer neuen, bisweilen gar konträren Verstehensmöglichkeit, wie in dieser Szene aus *Wallenstein:*

ILLO Gefährlich wars, die Freiheit uns zu geben.
QUESTENBERG *mit Ernst* Genommen ist die Freiheit, nicht
    gegeben, / Drum tut es not, den Zaum ihr anzulegen.
ILLO Ein wildes Pferd erwarte man zu finden.
QUESTENBERG Ein beßrer Reiter wirds besänftigen.
ILLO Es trägt den *einen* nur, der es gezähmt.
QUESTENBERG Ist es gezähmt, so folgt es einem Kinde.
ILLO Das Kind, ich weiß, hat man ihm schon gefunden.
QUESTENBERG Sie kümmre nur die Pflicht und nicht der
    Name.
(NA 8, 67 f.)

Im Dialog wird somit das Bedeutungsspektrum eines Wortes szenisch ausgefaltet, hier dasjenige der »Freiheit«, und auf diese Weise der unüberwindliche »Abgrund« zwischen Wörtern und Sachen vergegenwärtigt.

An diesem Beispiel aus *Wallenstein* wird schließlich erkennbar, wie sehr die agierenden Figuren hinter den sich scheinbar verselbstständigenden Redeformen zurücktreten. Darin macht sich die grundlegende Differenz bemerkbar zwischen einem vermeintlich natürlichen Ausdruck, der, gemäß dem aufklärerischen Subjektivierungspostulat, das Individuum in seiner emphatischen Innerlichkeit etwa in der »Sprache des Herzens« zu erkennen geben soll, und Schillers Beharren auf dem Allgemeinen der Sprache, das sich vielfach gegen das Subjekt durchsetzt. Wie bei Herder ist der Mensch also ein »Sprachgeschöpf«, aber mehr in den »Feßeln der Sprache« (NA 26, 229). Dass Schiller in seinen Dramen die Figuren zuweilen über ihre Arten des Sprechens charakterisiert, heißt *nicht*, dass er sie hierdurch individualisiert. In *Kabale und Liebe* zum Beispiel berauscht sich Ferdinand an Pathosformeln, Wurm bedient sich einer mit Fremdwörtern durchsetzten Amtssprache – Luise aber stockt die Rede, weil sie als Einzige »von Herzen« zu sprechen versucht. Während Ferdinand und Wurm auf je unterschiedliche Weise gleich weit vom Herzen entfernt sind, ist umgekehrt Luise dem Herzen zu nah, als dass die Sprache ihrem Gefühl wahrhaft Ausdruck zu verleihen imstande wäre. Denn »*spricht* die Seele so spricht ach! schon die *Seele* nicht mehr!« (NA 1, 302) Sprache dient nicht als Beweis oder Ausdruck von Subjektivität, sondern lediglich zur notwendig vermittelten Selbstcharakterisierung.

Der kritische oder gar abwertende Blick auf Schillers variable Handhabung der Sprache, auf seine Neigung, rhetorische Techniken einer disziplinierten Systematik vorzuziehen, kann demnach relativiert werden, wenn man sie als bewusst inszenierte Begriffsbewegung wahrnimmt. Im Rahmen einer spezifischen Kombinationskunst setzt er auf eine gezielte Konstellierung von Begriffen. So mechanisch die Begriffe dabei verwendet werden, so beweglich erscheinen sie zugleich, da er sich weigert, »seine Worte wie seine Begriffe an das Kreuz der Grammatik und Logik« zu schlagen (NA 26, 426). Darüber hinaus erweist sich die Begriffsbewegung als Verfahren, am Ende Ordnung in die »Anarchie der Sprache« zu bringen, weil sie durch die bewusste Konstellierung die Verfügungsgewalt über die Bedeutungsvarianten verspricht (NA 21, 10).

Schiller als Mediziner

Der Mensch musste Thier seyn, eh er wusste dass er
ein Geist war, er musste am Staube kriechen, eh er den
Newtonischen Flug durch Universum wagte.
Der Körper also der erste Sporn zur Thätigkeit;
Sinnlichkeit die erste Leiter zur Vollkommenheit.

Schiller: Versuch über den Zusammenhang der thierischen Natur
des Menschen mit seiner geistigen (NA 20, 56)

Natur als Grenze der Freiheit

Schillers Bild vom Menschen ist nachhaltig durch seine Ausbildung als Mediziner geprägt worden. Auf dem Stand der damaligen Wissenschaft bietet ihm die Medizin spezifische Einblicke in die Natur allgemein, in ihr Wesen und ihr Funktionieren, sowie in die Natur des Menschen im Besonderen. Bevor Schiller nämlich den Menschen auf die Freiheit als Aufgabe zu verpflichten beginnt, macht ihn die Medizin zunächst mit der Naturseite des Menschen bekannt, das heißt mit dem völlig Unverfügbaren, mit seiner Determiniertheit und Begrenztheit. Denn seiner Natur, ob er will oder nicht, ist der Mensch ausgeliefert. Beständig erinnert speziell der eigene Körper den Menschen daran, dass er erstens verletzlich und zweitens *endlich* ist; in vielem, was dem Menschen möglich scheint, wird er durch seinen Körper bestimmt, nicht zuletzt durch Schmerz und Triebe. Dieser Aspekt steht Schiller von Beginn an lebhaft vor Augen: »Den Mathematiker, der in den Regionen des Unendlichen schweifte [...], jagt der Hunger aus seinem intellektuellen Schlummer empor, den Physiker, der die Mechanik des Sonnensystems zergliedert [...], reißt ein Nadelstich zu seiner mütterlichen Erde zurük, den Philosophen, der die Natur der Gottheit entfaltet [...], kehrt ein kalter Nordwind, der durch seine baufällige Hütte streicht, zu sich selbst zurük, und lehrt ihn, dass er das unseelige Mittelding von Vieh und Engel ist.« (NA 20, 47) Indem der Körper den Menschen gleichsam »erdet« und ernüchtert, bildet er als Natur eine Schwelle, die auch die Freiheit nicht zu überschreiten vermag. Was traditionell als Dualismus von Leib und Seele, von Körper und Geist gefasst wird, entwickelt Schiller weiter zu einer grundsätzlichen Spannung zwischen Natur und Freiheit, zwischen Begrenzung und Unendlichkeit, die sein gesamtes literarisches und theoretisches Werk durchzieht.

Der ganze Mensch

Die Grundlagen für wesentliche ästhetische, vor allem aber anthropologische Überlegungen erwirbt Schiller in der *Militär-Pflanzschule* des Herzogs Carl Eugen, der sogenannten Karlsschule in Stuttgart, die er von 1773 bis 1780 auf Befehl des Herzogs besuchen muss. Dort beginnt er 1776 mit dem Studium der Medizin. Ein Medizinstudium zu dieser Zeit an diesem Ort aufzunehmen bedeutete nicht, sich einem wissenschaftlich streng definierten Fach zu widmen, sondern einen im Grunde noch ungeschiedenen Fächerzusammenhang von Medizin, Philosophie, Anthropologie und Psychologie zu wählen, aus dem bis heute ganz eigenständige wissenschaftliche Disziplinen hervorgegangen sind. Das Selbstverständnis der an der Karlsschule ausgebildeten künftigen Ärzte war dasjenige eines »philosophischen Arztes«, das sich vor allem an der 1772 erschienenen Schrift *Anthropologie für Ärzte und Weltweise* des Leipziger Mediziners Ernst Platner orientierte. Ihm kam es darauf an, die oft getrennten Einsichten von Medizinern und Philosophen im Blick auf den Menschen zusammenzuführen und damit der Anthropologie eine neue Grundlage zu schaffen. Er legte größten Wert auf die Betrachtung des *ganzen* Menschen in seinem leib-seelischen Zusammenhang. »Platners Idee einer psychophysischen Menschenlehre« (Wolfgang Riedel) wurde Schiller in erster Linie durch seinen Lehrer Jacob Friedrich Abel vermittelt, einen Professor für Philosophie und Psychologie.

Am Ende seines Studiums verfasst Schiller insgesamt drei Dissertationen. Zuerst die *Philosophie der Physiologie* im Jahr 1779, dann *Über den Unterschied zwischen den entzündlichen und den fauligen Fiebern* im Jahr 1780 und schließlich kurz darauf den *Versuch über den Zusammenhang der thierischen Natur des Menschen mit seiner geistigen.* Die ersten beiden Schriften waren abgelehnt worden – die erste schien zu spekulativ, die zweite nicht gründlich genug. Der dritte Text hingegen wurde angenommen. Die erste und die dritte Dissertation, das geben schon die Titel zu erkennen, weisen den skizzierten anthropologischen Grundzug auf, und insbesondere die wichtige dritte, der im Folgenden alle Aufmerksamkeit gelten soll, fragt nach dem Verhältnis von Körper und Geist, das heißt, sie fragt nach dem *commercium mentis et corporis.* Dabei reproduziert Schiller zwar im Wesentlichen das medizinische Wissen seiner Zeit, etwa dahingehend, den Körper in der Tradition des holländischen Arztes Hermann Boerhaave als reine »Maschine« aufzufassen, aber dies geschieht bereits in prägnanter sprachlicher Form, die von Zuspitzungen, Spekulationen und starken Bildern geprägt ist.

Diese dritte Dissertation hebt schon in der Zueignung an den Herzog die Überlegenheit des anthropologischen, das heißt des ganzheitlichen Blicks auf den ganzen Menschen hervor. Ein Arzt, so Schiller, der die »Maschine« gut kenne, könne »vielleicht vor dem Krankenbette Wunder thun und vom Pöbel vergöttert werden«, aber es komme eher darauf an, »die hippokratische Kunst aus der engen Sphäre einer mechanischen Brodwissenschaft in den höhern Rang einer philosophischen Lehre« zu erheben und »Philosophie und Arzneiwissenschaft [...] in vollkommenster Harmonie« zu begreifen und zu betreiben (NA 20, 38).

Perfektibilität: Die Vervollkommnung des Menschen

Konkret betrifft die Leitfrage der Arbeit »den merkwürdigen Beitrag des Körpers zu den Aktionen der Seele, den grossen und reellen Einfluss des thierischen Empfindungssystemes auf das Geistige« (NA 20, 41). Das Einwirken des Körpers auf den Geist wird im Hinblick auf die menschliche »Vollkommenheit« betrachtet, unter Voraussetzung der zutiefst aufklärerischen Idee von der möglichen Verbesserung und Vervollkommnung des Menschen im Sinne seiner Perfektibilität. Denn der Mensch kommt im Unterschied zum Tier nicht »fertig« auf die Welt. Er ist ein »Mängelwesen« (Herder), das sich durch Erziehung und Selbsterziehung ausbilden und vervollkommnen kann und soll. Dieser Vorstellung, dass der Mensch verbesserungsfähig, also perfektibel ist, verdanken sich im 18. Jahrhundert nicht zuletzt die Entwicklungen im Rahmen der Volksaufklärung, etwa die Alphabetisierung breiter Bevölkerungsschichten sowie die speziell auf Kinder ausgerichtete Pädagogik. Schiller stellt dieses Moment der notwendigen Verbesserung, auf welches er dann immer wieder zurückkommen wird, gleich an den Beginn seiner Argumentation: »Alle Anstalten, die wir in der sittlichen und körperlichen Welt zur Vollkommenheit des Menschen gewahrnehmen, scheinen sich zulezt in den Elementarsaz zu vereinigen: Vollkommenheit des Menschen liegt in der Uebung seiner Kräfte durch Betrachtung des Weltplans [...].« (NA 20, 41) Die Vervollkommnung müssen Körper und Seele gemeinsam leisten, vermittelt über die Sinne als Bindeglied zwischen Materie und Vorstellungen.

Der Mensch als Ganzes setzt sich zusammen aus der »Chemie des menschlichen Körpers« und dessen »Mechanik« (das Wort Biologie wird erst zwei Jahrzehnte später zur Verfügung stehen): »Vegetation also und thierische Mechanik auf das genaueste vermischt bilden eigentlich das physische Leben des menschlichen Körpers.« (NA 20, 43) Im Kontrast zum Tier, von dem er abgegrenzt werden soll, sucht der Mensch durch das tierische Leben hindurch ein geistiges, das dem Tier vorenthalten bleibt. »Dieß ist eine von den Grenzscheiden zwischen Mensch und Thier.« (NA 20, 44) Der vom Autor unternommene Vergleich von Mensch und Tier ist typisch für den anthropologischen Diskurs der Aufklärung, sofern dieser sich intensiv mit der Bestimmung des Menschen befasst. Denn die

Frage nach dem, was der Mensch ist, ist immer auch die Frage danach, was er nicht ist, ein Gott, ein Engel oder ein Tier, um nur einige der historisch populären Vergleiche zu benennen, wobei die Grenzen fließend sind. Als »das unseelige Mittelding von Vieh und Engel« – eine Formulierung Albrecht von Hallers, die Schiller übernimmt (NA 20, 47) – ist der Mensch eingespannt zwischen Körperlichkeit und Geistigkeit. Dass der Mensch am Ende stets ans Physische zurückgebunden bleibt, im Unterschied zu den körperlosen Engeln, gilt aber keineswegs als Nachteil, weil der Körper den Geist zwingt und lehrt, »auf die Erscheinungen um ihn her zu achten, so machte er ihm die Welt interessant und wichtig, weil er sie ihm unentbehrlich machte« (NA 20, 54). Der Körper wird demnach von Schiller zwar auch negativ als Grenze und Schmerzfeld beschrieben, mehr aber noch als unverzichtbares Werkzeug und Instrument zur Erkenntnis der Welt. Aufgrund dieser Überzeugung kann er behaupten, dass selbst »die höheren moralischen Zweke« ohne »Beihülfe der thierischen Natur« nicht zu erreichen sind (NA 20, 41).

Die Vollkommenheit nun, zu der sich der Mensch in der Spannung von Körper und Geist durcharbeiten muss, ist ein hohes, aber zunächst fernes Gut. Im Rahmen dieses Prozesses durchläuft der einzelne Mensch verschiedene Entwicklungsstufen, wobei zuweilen der Unterschied zum Tier so wenig erkennbar ist, dass vom »Thiermenschen« gesprochen wird (NA 20, 45). Das von Schiller verwendete Stufenmodell beginnt mit dem kleinen Kind, dem weder Bewusstsein noch Eigenständigkeit zugebilligt werden. Allerdings offenbart der Autor durch die sichtbare, mehrfach ansetzende sprachliche Suchbewegung eine große Unsicherheit bei der Bestimmung des Kindes: »Das *Kind*. Noch ganz Thier, oder besser: mehr oder auch weniger als Thier, menschliches Thier. (Denn dasjenige Wesen, das einmal Mensch heissen sollte, darf niemalen nur Thier gewesen seyn.) Elender als ein Thier, weil es auch nicht einmal Instinkt hat.« (NA 20, 50 f.) Als Zweites folgt der Knabe: »Hier ist schon Reflexion, aber immer nur in Bezug auf Stillung thierischer Triebe.« (NA 20, 51) Auf der höchsten Stufe stehen »Jüngling und Mann« (NA 20, 51), in denen sich idealerweise alle Kräfte formiert und ins Gleichgewicht gesetzt haben.

Dieser in der Regel von jedem Einzelnen durchlaufene Prozess vollzieht sich am Leitfaden der Sinne, weil es die Sinne sind, die den Menschen zuerst mit der Welt und mit sich selbst bekannt machen. Aufgrund dieser Vorstellung rückt Schiller nicht nur in die Tradition des deutschen Sensualismus in der zweiten Hälfte des 18. Jahrhunderts ein, sondern er hat auch selbst unmittelbar Anteil an der für diese Phase der Aufklärung charakteristischen »Rehabilitation der Sinnlichkeit« (Panajotis Kondylis). Das zu betonen erscheint deshalb wichtig, weil es das Bild von Schiller als dem bloßen »Idealisten« relativiert. Nachdrücklich hebt Schiller Materie und Sinnlichkeit als Grundbedingungen auf dem Weg zur Vollkommenheit hervor (NA 20, 56) und begründet die Wechselwirkungen zwischen Körper und Geist erfahrungswissenschaftlich, das heißt von der unmittelbaren, dem Einzelnen zugänglichen Erfahrung des Körpers her, nicht von der Theorie oder der Spekulation. Mit Recht hat deshalb Wolfgang Riedel Schillers Vorgehen als »Anthropologie ›von unten‹« bezeichnet.

Die ästhetischen Folgen der naturgeschichtlichen Einsichten

Schiller beschreibt aber nicht nur die Rolle des Körpers für den Geist, sondern auch den umgekehrten Einfluss der Seele auf den Körper, denn der Mensch soll ja als *ein* Wesen erfasst werden, als *ganzer* Mensch. Die grundlegende These lautet jetzt: »In diesem Verstande also kann man sagen, die Seele bildet den Körper [...].« (NA 20, 70) Das ist nun unter anderem so zu verstehen, dass sich bestimmte seelische Regungen wie etwa Zorn und Trauer, wenn sie andauern, sichtbar auf dem Körper abzeichnen und ihm einprägen können, beispielsweise als »Zornesfalten«. Oder auch, dass bestimmte Vorstellungen entsprechende körperliche Reaktionen zur Folge haben. – Ob der Körper die Seele beeinflusst oder umgekehrt, für bedeutsam hält Schiller allemal die stete Wechselbeziehung zwischen beiden Bereichen. »So wekt [...] die fröhliche Saite des Körpers die fröhliche in der Seele, so der traurige Ton des ersten den traurigen in der zweiten. Dieß ist die wunderbare und merkwürdige Sympathie, die die heterogenen Principien des Menschen gleichsam zu *Einem* Wesen macht, der Mensch ist nicht Seele und Körper, der Mensch ist die innigste Vermischung dieser beiden Substanzen.« (NA 20, 64)

Solche Betrachtungen sind einerseits auf den unmittelbaren Gegenstand der Dissertation bezogen und andererseits doch von größtem Wert für das spätere poetische und theoretische Werk. Denn etliche der in der Dissertation formulierten, wissenschaftlich vorerst eng begrenzten Feststellungen und Überlegungen werden als fundamentale Denkfiguren des Autors auf verschiedenen Ebenen seiner weiteren Texte wiederkehren. Die Kontinuität der hier entwickelten Denkfiguren sei abschließend anhand weniger Beispiele immerhin angedeutet.

Ganz unmittelbare Spuren haben die medizinischen Kenntnisse im ersten Drama *Die Räuber* hinterlassen, das zur gleichen Zeit wie die Dissertationen entstanden ist. Darin nutzt die Figur des Franz Moor reiche medizinische Kenntnisse, um sich einerseits selbst besser zu verstehen und andererseits den Mord am eigenen Vater zu planen. Und später kehrt in *Wallenstein* ein wichtiger Satz der Dissertation als Figurenrede wieder und wird dergestalt gleichzeitig auf Distanz gebracht: »Es ist der Geist, der sich den Körper baut.« (NA 8, 258)

Dagegen bedarf die Weiterwirkung einzelner Denkfiguren eines genaueren Blicks. Das betrifft erstens die Idee vom ganzen Menschen, die Schiller als umfassendes Konzept aufbaut und weiterentwickelt, bis hin zu einer selbstständigen Theorie der modernen Welt in den *Briefen über die ästhetische Erziehung*.

Es betrifft zweitens die Vermischung als Voraussetzung der Vollkommenheit und in einem zweiten Schritt der Vollkommenheit als höchster Ausprägung der Ganzheit. In der Dissertation heißt es dazu: »Genug, deucht es mich, ist es nunmehr bewiesen, dass die thierische Natur mit der geistigen sich durchaus vermischet, und dass diese Vermischung Vollkommenheit ist.« (NA 20, 68)

Es gilt drittens für die Einsicht, dass die Natur einer Sache dem Menschen selbst die Mittel an die Hand gibt, diese Sache dann zu beherrschen. So habe es der Mensch in seiner Geschichte mit der Natur im Übrigen immer gehalten, wie es im Abschnitt über die »Geschichte des Menschengeschlechts« in der Dissertation heißt: »Man lernte die Kräfte der Natur wider sie selbst benutzen, man brachte sie in neue Verhältnisse und erfand – hier schon die ersten Wurzeln der einfachen und heilsamen Künste.« (NA 20, 53 f.) In den *Kallias-Briefen*, Schillers wichtigster Schrift zum Begriff der Schönheit, wird dieser Gedanke dahingehend ausgeführt, dass jede Sache selbst schon eine »Technik« mitbringt, die umgekehrt zu ihrer Kontrolle dienen kann.

Ein viertes Moment schließlich, das seinen Ursprung in den naturgeschichtlichen Anschauungen Schillers hat und dann von ihm poetisch und theoretisch fruchtbar gemacht wird, ist die Idee der Bewegung. Diese Idee spielt sowohl in der ersten (NA 20, 12 und 21 f.) als auch in der dritten Dissertation (NA 20, 58 ff.) eine entscheidende Rolle, wo er die materialen und physiologischen Aspekte von Bewegung ins Auge fasst, ebenso wie die Bewegungen des menschlichen Körpers und die auf Aristoteles zurückgehende These von der Seele als dem bewegenden Prinzip. Diese Auseinandersetzung mit den naturgeschichtlichen Bewegungskonzepten bereitet den Grund für die spätere Indienstnahme von »Bewegung« beispielsweise im Rahmen der gattungstheoretischen Unterscheidungen zwischen Epik und Dramatik einerseits[1] und Satire, Elegie und Idylle andererseits (NA 20, 466 f.), aber auch für die Entgegensetzung von Anmut und Würde in der gleichnamigen Schrift: »Anmuth liegt also in der *Freyheit der willkührlichen Bewegungen*; Würde in der *Beherrschung der unwillkührlichen*.« (NA 20, 297) – Die Aufzählung solcher in verwandelter Form weiterwirkenden Aspekte ließe sich fortführen.

Sich mit den kurzen medizinischen Schriften Schillers zu befassen heißt also keineswegs, einen womöglich zu vernachlässigenden Nebenschauplatz zu betreten oder lediglich seine Vertrautheit mit dem naturgeschichtlichen Wissen des

18. Jahrhunderts anzuerkennen. Es heißt vielmehr, sich eine der maßgeblichen Grundlagen seines gesamten Werkes, seines Naturverständnisses und allgemein seines Bildes vom Menschen zu vergegenwärtigen.

Schiller als Dramatiker I: Die frühen Dramen

Die Räuber, Die Verschwörung des Fiesko zu Genua, Kabale und Liebe, Don Carlos

Wahre Größe des Gemüts führt oft nicht weniger zu Verletzungen fremder Freiheit als der Egoismus und die Herrschsucht, weil sie um der Handlung, nicht um des einzelnen Subjekts willen handelt.

Schiller: Briefe über Don Carlos (NA 22, 170)

Maßlosigkeit

Schillers frühe Dramen zeigen den maßlosen Menschen, genauer: Sie zeigen maßlose junge Männer. Sofern diese das rechte Maß verfehlen, lassen sie zugleich eine wichtige aufklärerische Tugend außer Acht, nämlich die Besonnenheit. Das gilt für Karl und Franz Moor aus den *Räubern* (1781) ebenso wie für Fiesko aus *Die Verschwörung des Fiesko zu Genua* (1783) oder Ferdinand aus *Kabale und Liebe* (1784); und es gilt schließlich auch für Don Carlos und Marquis Posa aus *Don Carlos* (1787). In ihrem Wollen und Fühlen sind sie allesamt Extremisten oder, mit einem Wort des 18. Jahrhunderts, sie sind »Schwärmer«, die mit ihren Unbedingtheitsansprüchen an der Wirklichkeit scheitern. Diese widerständige Wirklichkeit ist in erster Linie die Welt ihrer Väter. Dabei inszenieren die frühen Dramen als Familiendramen fast durchweg Vater-Sohn-Konflikte, die aufgrund der weitgehenden Abwesenheit der Mütter an besonderer Schärfe gewinnen, da ein ausgleichendes Element zu fehlen scheint. Während in den ersten drei Dramen die Mütter fast keine Rolle spielen, bildet in *Don Carlos* der Tod der Mutter ein handlungskonstitutives Moment, weil sie bei der Geburt ihres Sohnes Carlos starb und dieser von tiefen Schuldgefühlen auch seinem Vater gegenüber gepeinigt wird. Die Welt der Väter, gegen welche die Söhne rebellieren, ist die Welt der Macht, der Autorität, der Strafe, der Tradition, der alten und möglicherweise veralteten Ordnung.

Der Extremismus der Figuren erscheint allerdings nicht nur als Resultat der Empörung gegen die als zutiefst ungerecht empfundene väterliche Ordnung; die hieraus ableitbare moralische Begründung erklärt die Maßlosigkeit ihrer Handlungen und Anschauungen nur begrenzt. Hinzu kommen zwei weitere, miteinander aufs Engste verknüpfte Aspekte. Denn der Autor zeigt die jungen Männer jeweils an einem Punkt, an dem sie ihrer selbst noch nicht gewiss sind, sodass sie einerseits noch an der Ausbildung ihrer Identität zu arbeiten und andererseits, damit verbunden, noch den Ort ihrer wahren Bestimmung zu erkunden haben. Anders gesagt: Schillers frühe Helden leiden an dem Problem, im Horizont der Fragwürdigkeit alter Ordnungen ihren Platz in der Welt und der Gesellschaft noch suchen und finden zu müssen. Und zieht man hier einen kurzen Vergleich mit den Protagonisten der späten Dramen, lässt sich ein Unterschied pointiert benennen: Schillers frühe Helden wollen noch etwas werden, Schillers späte Helden und Heldinnen sind schon etwas geworden, woraus sich notwendig vollkommen andere Konfliktlagen ergeben.

Größenwahn

Doch Schillers frühe Helden wollen im Zuge ihrer unumgänglichen Individualisierung nicht nur *etwas werden*, sondern sie wollen vor allem *groß werden*, und genau aus diesem ehrgeizigen Streben nach Größe erwächst die Maßlosigkeit. Größe ist die von allen geteilte Obsession, Größenwahn ihre zentrale Gemeinsamkeit, denn sämtlich neigen sie zur »tollen Sucht zum grosen Mann« (NA 3, 83). Karl Moor verachtet »das schlappe Kastraten-Jahrhundert« (NA 3, 21), in dem er geboren wurde, und bewundert die berühmten Helden der Antike; bereits als Kind hat er ein ausgeprägtes Bewusstsein vom eigenen Wert – man solle ihn nur erst »einen grosen Mann werden« (NA 3, 97) lassen, dann würde sich alles Weitere finden. Sein Bruder Franz räumt ein, zwar böse zu sein, aber dies wenigstens mit großem Anspruch: »Ich bin kein gemeiner Mörder gewesen mein Herrgott – hab mich nie mit Kleinigkeiten abgegeben« (NA 3, 126). Fiesko zweifelt nicht, »zu etwas Grosem aufgehoben« zu sein (NA 4, 27), und Ferdinand wiederum spricht vom »Riesenwerk [s]einer Liebe« (NA 5, 40) und nennt seine Leidenschaft für Luise »groß und vermessen« (NA 5, 56). Don Carlos und Marquis Posa schließlich haben in ihrer eigenen Vermessenheit alles Maß verloren: Während Carlos immerhin nur sein »Jahrhundert in die Schranken [fordern]« möchte (NA 6, 61), ist Posa gar dieses ganze Jahrhundert noch zu klein: »Das Jahrhundert / ist meinem Ideal nicht reif.« (NA 6, 185) Alle genannten Figuren wollen groß sein und sind doch trotz ihrer meist außergewöhnlichen Talente sehr im Ungewissen darüber, ob sie das Vermögen zu wahrhafter Größe überhaupt mitbringen.

In Grenzen kann ihnen diese »Groß-Mann-Sucht« (NA 3, 135) freilich nicht verdacht werden, weil ihre Umgebung sie darin durchaus bestärkt. Der Vater von Karl Moor ist überzeugt, seinen hochbegabten Sohn »zu einem Helden, zu einem grossen, grossen Manne« (NA 3, 14) heranreifen zu sehen. Auch Amalia, Karls Geliebte, nimmt diesen in Begriffen der Größe wahr, wenn sie ihn mehrfach mit dem antiken Helden Hektor vergleicht (NA 3, 47 und 103). Und Leonore beispielsweise, Fieskos Frau, hält ihren Gemahl für »Genuas grösten Mann« (NA 4, 14) und den »Halbgott der Genueser« (NA 4, 15). Dergestalt fallen Selbstwahrnehmung und Fremdwahrnehmung häufig zusammen. Größe dient folglich sowohl der Individualisierung im Sinne einer angemessenen Selbstbestimmung als auch der maximalen Unterscheidung von anderen – bis hin zur Bestimmung der anderen. Denn wer groß ist, muss sich womöglich an Gesetze nicht mehr halten und kann selbst die Herrschaft ausüben. Auf diese Weise wird der Wunsch nach Größe immer auch von Machtfantasien begleitet.

Innere Größe: Erhabenheit

Was aber ist Größe, und woran erkennt man sie? Die frühen Dramen zeigen nicht nur junge Männer in ihren »enthousiastischen Träumen von Größe und Wirksamkeit« (NA 3, 6), sondern sie verhandeln auch das Konzept der Größe selbst.

Sie gehen damit einer für die Moderne grundlegenden Frage nach, welche Philosophie und Literatur beschäftigt, Hegel und Nietzsche ebenso wie etwa Kafka oder Robert Musil. Die Frage lautet: Wie ist Größe in den Grenzen der bürgerlichen Welt überhaupt möglich? Im Zuge dessen spielen die Dramen innere gegen äußere Größe aus und differenzieren zwischen richtiger und falscher, »guter« und »böser« Größe.

Äußere Größe verbindet sich mehr mit Visionen von Macht und Herrschaft auf der Grundlage herausragender Taten; als Vorbilder gelten hierfür die antiken Heroen, etwa Julius Cäsar (NA 3, 13), Hektor (NA 3, 47) und natürlich gleich mehrmals, schon das Beiwort legt es nahe, Alexander *der Große* (NA 3: 13, 20, 87). Nur leider nehmen die Chancen zu Heldenmut als Form äußerer Bewährung in der modernen Welt rapide ab. Von wenigen Ausnahmen abgesehen, scheint im 18. Jahrhundert die äußere Welt entdeckt, aufgeteilt und geordnet, große Taten wie beispielsweise die Eroberungen Alexanders in Persien sind offenbar kaum mehr möglich. Davon kann Karl Moor nur noch lesen, sie jedoch mangels Gelegenheit nicht mehr vollbringen, weil die enge bürgerliche Ordnung seinen Handlungsspielraum durch Gesetze empfindlich einschränkt: »Mir ekelt vor diesem Tintengleksenden Sekulum, wenn ich in meinem Plutarch lese von grossen Menschen.« (NA 3, 20) Wo aber im strengen Sinne der Raum für äußere Größe schwindet, bedarf es der Umorientierung auf innere Größe als sittliche Erhabenheit, bedarf es eines Perspektivwechsels von der Welt zum Ich. Dem entspricht die historische Veränderung des Begriffs der Größe im Rahmen poetologischer Überlegungen. Während in der Tragödientheorie unter Größe einst lediglich der »gesellschaftliche Rang« verstanden wurde, erscheint im 18. Jahrhundert mehr und mehr die »Größe der

Seele« als entscheidendes Kriterium.[1] Man könnte auch sagen: Der Heldenmut weicht dem Edelmut, die Größe weicht der Großmütigkeit, der »sinnliche Heroismus«, wie Wilhelm von Humboldt das nennt, weicht dem »moralischen Heroismus«.[2] Nicht äußere Siege über andere entscheiden, sondern, in der Tradition des Stoizismus, innere über sich selbst.

Diese Ersetzungsbewegung führen die Texte unmittelbar vor. Von Karl, dem »grossen, grossen Manne« (NA 3, 14), bleibt nur ein »grosser Sünder« übrig (NA 3, 133), dessen am Ende neu gewonnene innere Erhabenheit sich darin bekundet, dass er sich freiwillig dem einst verachteten Gesetz überantwortet und hierbei zugleich dafür sorgt, dass die auf ihn ausgesetzte Belohnung einem Bedürftigen zukommt: »dem Mann kann geholfen werden« (NA 3, 135). Fieskos vermeintliche Größe wird als ungeheure Anmaßung kenntlich, sobald er im letzten Akt auf die wahre Größe des alten Andreas Doria trifft: »AN-DREAS *gros.* Armer Spötter! Hast du nie gehört, *dass Andreas Doria Achtzig alt ist, und Genua – glüklich?*« (NA 4, 104)

Die eigentlichen Repräsentanten innerer Größe sind freilich weibliche Hauptfiguren wie Luise Miller und Lady Milford in *Kabale und Liebe* sowie Elisabeth von Valois, die Königin von Spanien, in *Don Carlos*. Es sind alles junge Frauen, die trotz vorhandener Leidenschaften im Kern in sich ruhen und wissen, worauf es ankommt. Im scharfen Kontrast zur äußeren Größe zeichnet sich die innere zudem dadurch aus, dass die Figuren selten oder nie ein Bewusstsein von ihren würdevollen Haltungen und Handlungen zu erkennen geben. Die anderen sind es, welche dieser subjektiven Überlegenheit ausdrücklich Anerkennung zollen. So wie Ferdinand von Lady Milfords Schicksal und der hier erkennbaren Größe »durch und durch erschüttert« ist (NA 5, 35), so muss sich umgekehrt Lady Milford fast widerwillig die Seelengröße von Luise Miller eingestehen (NA 5, 77 f.); und Carlos sagt bewundernd zu seiner Stiefmutter, der Königin Elisabeth: »Wie groß sind Sie, o Himmlische! – Ja, alles, / was Sie verlangen, will ich thun!« (NA 6, 49)

Die Frage nach der Größe ist deshalb von entscheidender Bedeutung, weil sie zugleich mit der anthropologischen Frage nach der Bestimmung des Menschen einhergeht, also danach, was der Mensch ist, was er sein soll und endlich: was er sein kann – oder in den Worten Franz Moors: »wozu ich mich machen will, das ist nun meine Sache« (NA 3, 18). Als »Mittelding« (Albrecht von Haller) beziehungsweise als »Mittelgeschöpf« (Herder) betrachtet man im 18. Jahrhundert den Menschen eingespannt zwischen Engeln und Vieh, zwischen Gott und den Tieren, zwischen Freiheit und Natur. Diese schwierige Mittelstellung lässt den Menschen zugleich als »Mängelwesen« (Herder) erscheinen, weil er von allem zwar etwas, doch nichts in Vollendung ist: Nicht mehr ganz Tier, ist er doch kein Gott. Das thematisiert Karl nicht zufällig in dem Moment, da er die Rechtmäßigkeit seines Anspruchs auf Größe schwinden sieht: »Warum soll dem Menschen das gelingen, was er von der Ameise hat, wenn ihm das fehlschlägt, was ihn den Göttern gleich macht? – oder ist hier die Mark seiner Bestimmung?« (NA 3, 78) Der Mensch entwickelt ständig »Götterplane«, heraus kommen aber nur »Mäusegeschäfte« (NA 3, 78).

Größe in Bosheit und Freiheit

Größe gibt es freilich im Guten wie im Bösen, aber beides jeweils nur in Verbindung mit der Freiheit. Innerlich groß sein zu können setzt die Freiheit als Souveränität des Selbstbewusstseins ebenso voraus, wie sie als Abwesenheit von Zwang Bedingung für äußere Größe ist. Auch das sieht Karl Moor am deutlichsten: »Ich soll meinen Leib pressen in eine Schnürbrust, und meinen Willen schnüren in Geseze. Das Gesez hat zum Schneckengang verdorben, was Adlerflug geworden wäre. Das Gesez hat noch keinen grossen Mann gebildet, aber die Freyheit brütet Kolosse und Extremitäten aus.« (NA 3, 21) Und in Schillers »Selbstbesprechung« der *Räuber* heißt es noch einmal zugespitzt: »Frei muss Moor sein, wenn er groß sein will.« (NA 22, 128) Freiheit als Ermöglichungsgrund ist das eine, Freiheit als Überschreitung von Regeln jedoch das andere; frei *von* etwas zu sein und frei *zu* etwas zu sein bildet bekanntlich einen erheblichen Unterschied. In diesem Zusammenhang bietet Schiller eine ganze Reihe an dubiosen Gestalten auf, die zwar sämtliche Regeln verletzen und ausgemachte Bösewichter sind, die aber trotz ihrer Niedertracht Anspruch auf Größe erheben dürfen. Die bedeutendsten Beispiele für solche Übeltäter von Rang sind Franz Moor und Herzog Alba aus *Don Carlos*. Die Qualität der beiden wird im Vergleich zum bloßen Mörder und Vergewaltiger Spiegelberg aus den *Räubern* ersichtlich, der unzweifelhaft ein grundfalsches Verständnis von Größe verkörpert, weil er mit aller Brutalität lediglich die Befriedigung seiner Triebe verfolgt. An der historischen Größe eines Alba hingegen zweifelt auch sein geschworener Feind Don Carlos nicht, wenn er mit giftiger Ironie bemerkt: »Sie sind ein großer Mann – Auch das mag sein; / ich glaub' es fast. Nur fürcht' ich, kamen Sie / um wenige Jahrtausende zu zeitig. / Ein Alba, sollt' ich meinen, war der Mann, / am Ende aller Tage zu erscheinen!« (NA 6, 87)

Schillers außerordentliches Interesse am Bösen in all seinen Facetten, das neben den frühen Dramen auch seine zur gleichen Zeit entstehenden Erzähltexte kennzeichnet, resultiert aus der Überzeugung, dass das Wissen vom Menschen durch Erforschung seiner Extreme und Extremisten erweitert werden kann; erst dann wird der Mensch als Ganzer und im Ganzen erfasst sein. Und während die medizinischen Schriften die Naturseite des Menschen stärker betonen, mithin das Konstante und Unabänderliche seines Soseins, nehmen die frühen Dramen auf je verschiedene Weise die Seite der Freiheit in den Blick, also das Variable und dem Menschen Mögliche. Sie zeigen im Geist der Aufklärung die Freiheit als außerordentlichen Wert, ja als höchste Errungenschaft überhaupt, und sie zeigen im selben Augenblick allemal die Gefahr ihres Missbrauchs.

Die Tragödie der Selbstbestimmung zwischen Natur und Freiheit: *Die Räuber*

Schillers erstes, 1781 veröffentlichtes Drama *Die Räuber* steht in engstem Bezug zu den fast gleichzeitig verfassten wissenschaftlichen Schriften, deren medizinische und anthropologische Einsichten sowohl für den Konflikt als auch für die Figurenkonzepte von Bedeutung sind, insbesondere im Blick auf den Charakter und die Taten von Franz Moor. Hiermit gibt der Autor zugleich ein wichtiges Beispiel für die in der Moderne immer wichtiger werdende Konstellation von Literatur und Wissenschaft sowie für den wechselseitigen Wissenstransfer. Denn er nutzt die Wissenschaft als Wissensquelle ebenso wie als Inspirationsquelle für Bildlichkeit und Begrifflichkeit, oftmals in Form von Umdeutungen und Weiterführungen. Doch greift Schiller in den *Räubern* nicht nur auf Einsichten seiner dritten medizinischen Dissertation zurück und stellt dem Text als Motto einen Satz von Hippokrates, dem bedeutendsten Arzt der Antike, voran (NA 3, 2),[3] sondern zitiert umgekehrt auch in dieser Dissertation die zu dem Zeitpunkt noch ungedruckten *Räuber* als Beleg für ein bestimmtes Argument (NA 20, 60). Wissenschaft und Literatur werden so als gegenseitige Begründungszusammenhänge aufgebaut.

An den *Räubern* zeigt sich sogleich ein weiteres Charakteristikum des Autors Schiller, sofern er seine literarischen Texte vielfach selbst vorab kommentiert, ja gleichsam mit Paratexten, das heißt mit Auslegungen und Erläuterungen, umstellt und begleitet, um deren konkrete Wirkungsabsicht offenzulegen und die Rezeption möglichst breit zu steuern. Bereits im ersten Drama begegnet man also dieser für den Autor nicht untypischen Kombination von Theorie und Exempel, die sich etwa auch bei der *Verschwörung des Fiesko zu Genua* findet, bei *Don Carlos*, beim *Verbrecher aus verlorener Ehre* oder auch bei der *Braut von Messina*. Diese Paratexte sind für das Verständnis der literarischen Werke stets von hohem Wert, ohne dass sie diese freilich erschöpfend erklären würden.

Im Falle der *Räuber* existieren mehrere Vorreden sowie eine anonym veröffentlichte »Selbstbesprechung« (NA 22, 115–131). Während die Selbstbesprechung Figurenanlage und Bauweise der Tragödie erörtert, zielen die Vorreden auf Schillers poetologische Grundsätze. Sie sprechen erstens Gattungsfragen an, indem sie die Überlegenheit des Dramas gegenüber dem Roman begründen, weil »der wahre Geist des Schauspiels tiefer in die Seele gräbt, schärffer ins Herz schneidet, und lebendiger belehrt als [der] Roman« (NA 3, 244); sie richten sich zweitens auf Darstellungsfragen, indem sie gegenüber der als künstlich verworfenen aristotelischen Tradition der Einheit von Ort, Zeit und Handlung die Theaterstücke Shakespeares als Vorbild setzen, die sich mehr an der Natur, das heißt an der Wirklichkeit zu orientieren scheinen; sie verknüpfen drittens Darstellungsfragen mit anthropologischen Fragen, indem sie fordern, dass der ganze Mensch gezeigt werde (NA 3, 7), also Verstand und Herz zugleich, aber auch das Böse als Teil des Menschen; und sie gehen schließlich viertens auf geschichtsphilosophische Fragen ein, sofern sie eben beispielsweise die Möglichkeit menschlicher Größe in den Grenzen der bürgerlichen Gesellschaft reflektieren.

Der dramatische Konflikt erwächst aus der radikalen Entgegensetzung der feindlichen Brüder Karl und Franz Moor, die beide Extrempositionen bis hin zur schlichten Typisierung verkörpern. Beim ersten Hinblicken ist Franz der Böse, Karl der Gute, dem alle Sympathie gehört. Dennoch sind sie beide gemischte Charaktere, also gleichermaßen mit Vorzügen und Schwächen ausgestattet. Franz bildet seinen Verstand auf Kosten seines Herzens aus, Karl lebt seiner Sinnlichkeit und vernachlässigt die Ansprüche der Vernunft; Franz erscheint als »kalter Materialist«, Karl hingegen als »heißer Idealist« und Schwärmer. Aus der Perspektive des Dramas verfallen beide Figuren der Kritik.

Auf geradezu schematische Weise treten sie in Opposition zueinander: Karl, der Erstgeborene, erscheint als das Idealbild eines Mannes. Er ist gut aussehend, klug, warmherzig, kühn, offen – ein durch und durch »feuriger Geist« (NA 3, 13), gar ein »feuriges Genie« (NA 3, 14) und »Universalkopf« (NA 3, 15). Franz dagegen ist ein erbärmliches Subjekt: völlig unattraktiv, »trocken«, »hölzern« und »kalt« (NA 3, 14), kurz: eine auf den ersten Blick jämmerliche und lächerliche Gestalt zugleich.

Diese Wertungen verdanken sich freilich nicht einer objektiven Instanz, sondern den Wahrnehmungen des eigenen Vaters, der seine Liebe höchst ungleich auf seine Söhne verteilt hat, indem er von Karl alles erwartet, von Franz jedoch nicht das Mindeste, und der auf diese Weise letztlich an beiden schuldig wird.

Die von Franz schmerzlich empfundene Missachtung durch den schwachen Vater hat freilich ihren eigentlichen Grund in dem, was ihm die Natur auf dem Weg ins Leben mitgegeben hat, ja was er von Natur aus zu sein scheint: nämlich abgrundtief hässlich. Darin erblickt Franz das Grundübel, welches seine weiteren Handlungen motiviert. In einem langen Monolog, der als Konsequenz ein ganzes Programm der Gewalt entwickelt (NA 3, 18–20), heißt es dazu: »Ich habe grosse Rechte, über die Natur ungehalten zu seyn, und bey meiner Ehre! ich will sie geltend machen. – Warum bin ich nicht der erste aus Mutterleib gekrochen? Warum nicht der Einzige? Warum musste sie mir diese Bürde von Hässlichkeit aufladen? [...] Warum gieng sie so parteylich zu Werke?« (NA 3, 18) Angesichts dieser Vernachlässigung durch die Natur beschließt er kurzerhand, aus der Bedingtheit der Natur auszutreten und der Naturerschaffung die Selbsterschaffung entgegenzusetzen. In pervertierter Form nutzt er das Programm des aufgeklärten Rationalismus, die Vernunft des Menschen über seine Naturverhaftetheit siegen zu lassen. »[Die Natur] gab mir nichts mit; wozu ich mich machen will, das ist nun meine Sache.« (NA 3, 18) Aus der misslichen Prägung durch die Natur will er sich mit aller Kraft herausarbeiten in die Freiheit, die Selbstbestimmung und die Herrschaft über andere, selbst um den Preis, ein Mörder zu werden.

Denn die Diskriminierung durch die Natur hat eine gravierende Benachteiligung im Sozialen zur Folge, da Franz seinem Bruder Karl in allem nachstehen muss, als Sohn, Erbe, Mann und potenzieller Bräutigam; sämtliche Plätze, die er besetzen könnte, sind bereits von Karl belegt. Wer aber wie Franz keinen eigenen Platz in der Welt hat, muss sich im existenziellen Kampf um Anerkennung einen solchen schaffen, im Zweifel mit Gewalt: »Wer nichts fürchtet, ist nicht weniger mächtig als der, den alles fürchtet.« (NA 3, 19) Und weiter: »Ich will alles um mich her ausrotten, was mich einschränkt dass ich nicht *Herr* bin. *Herr* muss ich seyn, dass ich das mit Gewalt ertrotze, wozu mir die Liebenswürdigkeit gebricht.« (NA 3, 20) Aus dem äußerlich hässlichen Franz wird damit auch eine innerlich hässliche, nämlich *böse* Figur, getreu der von den französischen Materialisten Julien Offray de La Mettrie und Paul Thiry D'Holbach um 1750 etablierten Maxime einer Entsprechung von physischer und moralischer Welt, die allerdings bei Schiller psychologisch begründet wird, insofern hier das Böse erst die Folgeerscheinung des Hässlichen bildet. Mit seinem Plan wird Franz die Handlung vorantreiben; er ist der finstere und gerissene Intrigant im Text, von dem alle Impulse zur Katastrophe ausgehen. Am Beginn steht der versuchte Vatermord durch eine medizinisch geschulte »Strategie des Psychoterrors« (Wolfgang Riedel), später folgt der misslingende Brudermord, und am Ende dann erfolgt der im Zustand des Wahnsinns vollzogene Selbstmord – als zweifelhafter Akt der Selbstbestimmung in der Selbstvernichtung (NA 3, 126). In allen drei Fällen zeigt sich ein gänzlich in die Irre gegangenes Freiheitsverständnis, das sich bedenkenlos über alle Regeln der Vergemeinschaftung hinweggesetzt hat.

So wie die Natur Franz ganz offenbar zum Bösen disponiert hat, so hat sie Karl im Gegenzug scheinbar zur Größe disponiert. Folglich verbindet der von Natur aus reich gesegnete Karl mit dieser nur Gutes, während Franz in der Natur das Böse selbst erblicken muss. Hier zeigt sich ein grundverschiedenes Naturverständnis. Der eine tritt gegen die Natur an, der andere indes tritt für sie ein. In Karls Augen bildet die Natur keine fatale Festlegung, der man unentrinnbar ausgeliefert wäre, vielmehr kritisiert er im Geiste Rousseaus die Verstümmelung der »leidenden Natur« (NA 3, 84) durch die Gesellschaft: »Da verrammeln sie sich die gesunde Natur mit abgeschmakten Konvenzionen [...].« (NA 3, 21) Nicht die Natur, sondern die soziale Regulierung schränkt Karls Drang nach Größe und Freiheit ein, sodass er nicht werden kann, was er in seinen Machtfantasien sein möchte: »Stelle mich vor ein Heer Kerls wie ich, und aus Deutschland soll eine Republik werden, gegen die Rom und Sparta Nonnenklöster seyn sollen.« (NA 3, 21) Doch Gesetze, Regeln und Konventionen sorgen in Kombination mit der Intrige seines Bruders auf ihre Weise dafür, dass auch Karl der ihm vermeintlich zukommende Platz in der Welt versagt bleibt. Ortlos und getrieben, seit Jahren fern von zu Hause, ohne Aussicht auf ehrenvolle Rückkehr, lässt er sich zum Räuberhauptmann wählen, der als eine Art Robin Hood sich zwar nicht selbst bereichern, aber immerhin herrschen möchte; *Herr sein* will demnach auch er. Vom Vater aufgrund der Intrige seines Bruders verstoßen, fühlt er sich aus der menschlichen Ordnung verjagt und moralisch zu nichts mehr verpflichtet. Wenngleich anders motiviert, entwirft er doch parallel zu seinem Bruder im Namen der Freiheit ein ebenfalls mörderisches Programm, das sich übrigens die gleiche rhetorische Drastik zu eigen macht: »Mein Geist dürstet nach Thaten, mein Athem nach Freyheit, – *Mörder, Räuber!* – mit diesem Wort war das Gesez unter meine Füsse gerollt – Menschen haben Menschheit vor mir verborgen, da ich an Menschheit appellirte, weg dann von mir Sympathie und menschliche Schonung! [...] es bleibt dabey, ich bin euer Hauptmann! und Glück zu dem Meister unter euch, der am wildesten sengt, am grässlichsten mordet, denn ich sage euch, er soll königlich belohnet werden.« (NA 3, 32) Im gänzlichen Missbrauch der Freiheit, im Versuch der Selbstbestimmung gegen alle Widerstände, natürliche ebenso wie soziale, werden die Brüder schuldig und einander zusehends ähnlicher. Selbst Amalia, Karls Geliebte, nennt ihn einen »Meister im Morden« (NA 3, 133), der sich schließlich sogar bereitfindet, sie auf ihr Verlangen hin zu ermorden (NA 3, 134). Dergestalt erweist sich sein ursprünglicher Traum von Größe als bloß »eitle Kinderey« (NA 3, 135) mit allerdings tödlichen Folgen. Am Ende muss er sich eingestehen, dass er nicht die Römer und Spartaner übertrifft, sondern »dass zwey Menschen wie [er] den ganzen Bau der sittlichen Welt zu Grunde richten würden« (NA 3, 135).

In der Kontrastierung der Brüder lassen die *Räuber* die Ambivalenz der Natur ebenso hervortreten, wie sie ein Plädoyer für den sorgsamen Umgang mit der Freiheit enthalten.

Die Kunst der Intrige: *Die Verschwörung des Fiesko zu Genua*

Schillers zweites Drama weist eine ganze Reihe von Gemeinsamkeiten mit den *Räubern* auf. Denn auch hier stellt der hochbegabte Protagonist einen erhabenen Verbrecher dar, einen Verführer und von Macht besessenen Menschen, der sich im Streben nach Größe zugleich in Individualisierung übt und auf Herrschaft vorbereitet. Aufgrund seiner außergewöhnlichen persönlichen und politischen Talente glaubt er, seinen Machtanspruch begründen zu können, und ist in seiner Arroganz überzeugt, sich als großer Mann gegen das Recht und die Moralität der anderen stellen zu dürfen. »Dass ich der gröste Mann bin im ganzen Genua? und die kleineren Seelen sollten sich nicht unter die Große versammeln? – aber ich verleze die Tugend? [...] Tugend? – der erhabene Kopf hat andre Versuchungen als der gemeine – Solt er Tugend mit ihm zu theilen haben? – Der Harnisch, der des Pygmäen schmächtigen Körper zwingt, solte *der* einem Riesenleib anpassen müssen?« (NA 4, 67) Die Wahrnehmungs- und Bewertungsmuster von »groß« und »klein« dominieren also auch hier das Selbstbild der Hauptfigur. Wie Karl Moor zählt Fiesko demnach zu den gemischten Charakteren mit Vorzügen und Schwächen: »Junger schlanker blühendschöner Mann von 23 Jahren – stolz mit Anstand – freundlich mit Majestät – höfischgeschmeidig, und eben so tükisch« (NA 4, 11). Freilich ist der Vater-Sohn-Konflikt nun zum Generationskonflikt verallgemeinert und ins Politische gewendet: Genuas Freiheit wird bedroht, und Fiesko soll die Stadt vor der Tyrannei bewahren. In modifizierter Form steht erneut die Freiheit auf dem Spiel, jetzt freilich von der Ebene des einzelnen Subjekts auf diejenige der Gesellschaft verschoben; nicht zuletzt dadurch begründet sich der Untertitel des Stücks als »republikanisches Trauerspiel«.

Das Moment des Generationskonflikts wiederum zeigt sich bereits in der Personenübersicht zu Beginn des Stücks, da der Autor bei den meisten Figuren das konkrete Alter nennt. Die Übersicht gibt außerdem detaillierte Hinweise zu den Charakterzügen, Verwandtschaftsbeziehungen und Funktionen der Figuren sowie zu ihrer Kleidung (NA 4, 11 f.). Die eine Gruppe trägt Scharlach als Farbe der Herrschaft, die andere trägt Schwarz. Das teils zufällige, teils bewusste Wechseln der Kleidung im Gang der Handlung, insbesondere von Schwarz zu Scharlach, führt zur Verschärfung des Konflikts – bis hin zur Katastrophe. Sowohl Fiesko als auch seiner Frau Leonore wird das Tragen der roten Mäntel zum Verhängnis. Dabei ist es von tragischer Ironie, dass er seine eigene Frau von hinten ersticht, weil er sie aufgrund des falschen Mantels für einen Feind hält (NA 4, 111 f.). Dass er selbst am Ende das hochgradig symbolische Scharlach trägt und auf diese Weise sein Anrecht auf Herrschaft auch äußerlich geltend macht, nimmt Verrina, vielleicht die redlichste Gestalt im Drama, zum Anlass, ihn zu töten (NA 4, 120 f.). Denn aus dem Retter Fiesko drohte der künftige Despot Fiesko hervorzugehen.

Die Verschwörung des Fiesko zu Genua ist Schillers erstes historisches Drama, neben *Don Carlos*, *Wallenstein*, *Maria Stuart* und weiteren Theaterstücken. Ort und Zeit der Handlung werden präzise genannt: Als Schauplatz dient Genua im Jahr 1547. Der Begriff »historisches Drama« ist allerdings mit gewissen Einschränkungen versehen, weil der Autor einen sehr freien Umgang mit Fakten im Namen einer höheren Wahrheit pflegt. Zur Rechtfertigung seines Verfahrens zieht er verdeckt das von Aristoteles in der *Poetik* entwickelte Argument heran, dass der Geschichtsschreiber sich an das Wirkliche halten müsse, wohingegen dem Dichter auch das Mögliche offenstehe – daher sei dieser jenem überlegen. In der »Erinnerung an das Publikum« schreibt er über seine wirkungsästhetischen Absichten: »Mit der Historie getraue ich mir bald fertig zu werden, denn ich bin nicht sein Geschichtschreiber [sic!], und eine einzige große Aufwallung, die ich durch die gewagte Erdichtung in der Brust meiner Zuschauer bewirke, wiegt bei mir die strengste historische Genauigkeit auf. – Der Genueser

Fiesko sollte zu *meinem* Fiesko nichts als den *Namen* und die Maske hergeben.« (NA 22, 90)

Doch Schiller benutzt die historische Figur namens Fiesko nicht nur als »Maske« – auch im Text selbst spielen Masken und Maskierungen eine zentrale Rolle. So beginnt das Drama bereits mit einem Maskenball und leitet damit sogleich den Problemkomplex von Sein und Schein, Aufrichtigkeit und Verstellung, Vertrauen und Verdächtigung, Intrige und Gestaltwandel ein. Nahezu jede Figur scheint ein falsches Spiel zu spielen, keine kann der anderen wirklich trauen, weil sie nicht weiß, ob die andere zur eigenen Intrige gehört oder vielleicht zur Gegenintrige. Mit seiner Darstellung dieses Zusammenhangs schließt der Autor an einen seit Rousseau maßgeblichen kulturkritischen Diskurs der Aufklärung an, indem er nicht allein die Frage verhandelt, was der Mensch sei, sondern auch, wo, wie und ob er sich überhaupt wahrhaftig zeigt. Schein und Verstellung, die als Verhaltensmuster von Schiller hier erstmals facettenreich veranschaulicht werden, sind zudem von konstituierender Bedeutung für das Romanfragment *Der Geisterseher* und seine späten Dramen *Wallenstein* und *Maria Stuart*, die den Schein ganz in den Fokus der Aufmerksamkeit rücken.

Fiesko selbst ist ein Meister der Verstellung und ein Virtuose im Spinnen von Intrigen, ja er begreift sich förmlich als Künstler, dem es nicht einfach auf die Rettung Genuas ankommt, sondern im Zuge dessen auch auf die kunstvolle, Bewunderung heischende Selbstinszenierung seiner Person. »Fiesko findet seine Freunde geschwinder in ihren Masken, als sie ihn in der seinigen.« (NA 4, 22) Zwar besteht das Ziel seiner Intrige zunächst tatsächlich darin, Genua zu befreien. Aber im Verlauf dieses politischen Prozesses wächst die Verlockung, künftig selbst die Macht zu übernehmen. Mithin ist Fiesko eine Figur am Scheideweg, da er sich entschließen muss, entweder Bürger oder Tyrann zu sein. In seinem ersten längeren Monolog wägt er diese Möglichkeiten ab: »*Republikaner Fiesko? Herzog Fiesko?* – Gemach – Hier ist der gähe Hinuntersturz, wo die Mark der Tugend sich schließt, sich scheiden Himmel und Hölle [...] Geh unter Tyrann! Sei frei Genua, und ich [...] dein *glüklichster* Bürger!« (NA 4, 64) Während die Rede hier noch die Freiheit aufruft, ist die reale Versuchung der Macht am Ende jedoch zu groß, als dass Fiesko ihr widerstehen könnte. Er, der den Staatsstreich als Kunstwerk inszenieren wollte, wird schließlich als Usurpator getötet. Der Schluss stellt die Restitution der alten Ordnung in Aussicht, weil Verrina, Fieskos Mörder und zugleich entschiedenster Verfechter der Freiheit, sich auf den Weg zum achtzigjährigen Andreas Doria macht (NA 4, 121) und somit zur großen Gestalt im eigentlichen Sinne.

Die hier erstmals zu beobachtende finale Wiederherstellung des Alten bildet einen Grundzug von Schillers Dramatik, der *Don Carlos* ebenso prägen wird wie alle seine späten, nach der Französischen Revolution entstandenen Theaterstücke.

Standesgrenzen versus Menschheitspathos: *Kabale und Liebe*

Träume von Größe können aber noch auf ganz andere Weise zuschanden werden, im Falle Ferdinands, des schwärmerischen Protagonisten, zum Beispiel dadurch, dass man sie gleich im Keim erstickt, statt sie zu fördern. »WURM. Was sollten auch die fantastischen Träumereien von Seelengröße und persönlichem Adel an einem Hof, wo die größte Weisheit diejenige ist, im rechten Tempo, auf eine geschickte Art, groß und klein zu sein.« (NA 5, 47) Wurm, dessen sprechender Name ihn als Figur hinreichend charakterisiert, bezeichnet hier mit spitzer Zunge die Techniken des kalkulierten Fortkommens, aber auch des schieren Überlebens in der höfischen Welt als einer Welt der Verstellung, der Unmoral, der Manipulation, der Lüge und Intrige; als einer Welt mithin, in der das Intrigieren als individueller Habitus auf der Tagesordnung steht und nicht, wie im Falle Franz Moors oder Fieskos, für einen konkreten Fall ersonnen wird. Diesen wichtigen Aspekt »der biegsamen Hofkunst« (NA 5, 48) betont der Titel des Dramas mit dem Begriff der Kabale, einem alten Wort für Intrige.

Allerdings stammt der Titel nicht von Schiller selbst, sondern verdankt sich dem Rat des erfolgreichen Dramatikers und Theaterleiters August Wilhelm Iffland, des seinerzeit zugleich bedeutendsten deutschen Schauspielers. Ursprünglich hatte das Stück nach der weiblichen Hauptfigur *Luise Millerin* geheißen. Die Umformulierung verschiebt den Akzent von der Personalisierung der Darstellung auf Inhalt und Struktur des Konflikts in diesem bürgerlichen Trauerspiel, das in der Tradition von Lessings *Emilia Galotti* und Goethes *Clavigo* steht. Das wesentliche Merkmal solcher Trauerspiele, die in der zweiten Hälfte des 18. Jahrhunderts geradezu massenhaft veröffentlicht werden, ist darin zu erblicken, dass sie im Unterschied zu den Gattungskonventionen der Tragödie nicht Haupt- und Staatsaktionen zeigen, sondern Themen der bürgerlich-privaten Welt, insbesondere das Problem des Tugendrigorismus, wie es sich zumeist in der Konfrontation des Bürgers mit dem Adel entfaltet.

Der vom neuen Titel obendrein markierte Kontrast zwischen Kabale und Liebe setzt sich als Oppositionsstruktur auf den verschiedenen Ebenen des Textes fort. Der Welt des adligen Hofes steht die Welt der bürgerlichen Familie gegenüber, ebenso das Laster der Tugend; die Männer streiten mit den Frauen, die Alten – die Väter – mit den Jungen; und schließlich widerspricht die Pflicht der Neigung gleichermaßen wie die Vernunft dem Herzen. Diese Oppositionen sind nun freilich nicht schematisch auf die Welt der Adligen einerseits und die Welt der Bürgerlichen andererseits abzubilden; je nach Ordnungskriterium lassen sich die Figuren immer wieder neu zueinander ins Verhältnis setzen. Die Fronten verlaufen demnach nicht zwischen den Ständen, sondern im Standesbewusstsein selbst: Darin bekunden sich die »eisernen Ketten des Vorurteils« (NA 5, 40). Was dem Bürger an gesellschaftlichem Rang fehlt, sucht er durch besondere Tugendhaftigkeit wettzumachen: Emilia Galottis Vater im selben Maße wie Luise Millers Vater, der Stadtmusikant. Trotz der Gefahr, sich damit um Kopf und Kragen zu reden, beharrt dieser entschieden auf seiner Ehre gegenüber dem Präsidenten, der ihm unterstellt, Luise mit seinem Sohn Ferdinand »verkuppeln« zu wollen: »Halten zu Gnaden. Ich heiße Miller, wenn Sie ein Adagio hören wollen – mit Buhlschaften dien ich nicht. So lang der Hof da noch Vorrat hat, kommt die Lieferung nicht an uns Bürgersleut. Halten zu Gnaden.« (NA 5, 43)

Gegen die »verhassten Hülsen des Standes« (NA 5, 13) als einer fatalen, von den Vätern offenbar seit alters ausgehandelten und repräsentierten Ordnung der Dinge wird von den jungen Liebenden, dem adligen Ferdinand und der bürgerlichen Luise, der allgemeine, gleichsam natürliche Mensch in Stellung gebracht, das heißt die allgemeine Menschennatur, an der alle jenseits der gesellschaftlichen Konventionen und der unseligen Festlegungen durch die Herkunft teilhaben.

Wenn einst, so Luises Hoffnung, »Menschen nur Menschen sind« und »die Herzen im Preise steigen« (NA 5, 13), dann erst werde man glücklich sein. Wo sie indes noch zweifelt, glaubt Ferdinand, sich mit Macht über die Standesgrenzen als bloße »Konvenienzen« und lächerliche »Mode« (NA 5, 36) hinwegsetzen zu können: »Wir wollen sehen, ob die *Mode* oder die *Menschheit* auf dem Platz bleiben wird.« (NA 5, 36)

So einig die beiden nun im Namen von Menschheit und Menschlichkeit ihre Standeskritik artikulieren, so entfernt sind sie innerlich voneinander – ungeachtet ihrer Liebe, da es letztlich am gegenseitigen Vertrauen fehlt. Folglich steckt in dieser Liebe noch in einem ganz anderen Sinne der »Wurm«. Luise betrachtet mit Skepsis Ferdinands Kühnheit und Ernst im Überwinden von Grenzen, denn »dein Herz gehört deinem Stande« (NA 5, 57). Sie beschließt deshalb, um ihn nicht auf eine wirkliche Probe zu stellen, von sich aus »einem Bündnis [zu] entsagen, das die Fugen der Bürgerwelt auseinander treiben, und die allgemeine ewige Ordnung zu Grund stürzen würde« (NA 5, 57). Im Gegenzug hält Ferdinand Luises plötzlichen Rückzieher für außerordentlich suspekt. »Schlange, du lügst. Dich fesselt was anders hier. [...] Ein Liebhaber fesselt dich, und Weh über dich und ihn, wenn mein Verdacht sich bestätigt.« (NA 5, 58) Maßlos und übertrieben in allem, ist er es auch in der Eifersucht. Damit verlängert er im Grunde nur die von Beginn an sichtbare Tyrannei seiner Liebe, einer leicht reizbaren Mischung aus Zuneigung, Misstrauen, Besitzanspruch und Herrschaftsgebaren, die sich sogleich beim ersten dargestellten Aufeinandertreffen mit den Worten kundtut: »Du bist meine Luise! Wer sagt dir, dass du noch etwas sein solltest?« (NA 5, 14) Solche aufs Absolute gerichtete Maßlosigkeit ist paradoxerweise zugleich sein Stolz, mit dem er, ein Doppelgänger Karl Moors, auf die »Insektenseelen« (NA 5, 40) seiner Mitmenschen herabblickt. Luises Herz nährt er »mit vermessenen Hoffnungen« (NA 5, 36); er prahlt mit dem »Riesenwerk [s]einer Liebe« (NA 5, 40) und spricht im Superlativ von der »höchsten Gefahr«, die »da sein [musste], wenn meine Liebe den Riesensprung wagen sollte« (NA 5, 56); »groß und vermessen« (NA 5, 56), so lässt er Luise wissen, seien seine Gedanken und Leidenschaften.

Eine davon, ebenjene ungeheure Eifersucht, wird zum weit geöffneten Einfallstor für die von Wurm und dem korrupten Präsidenten, also seinem eigenen Vater, eingefädelte Intrige, die Ferdinands Verdacht so weit erhärtet, dass er, abermals seine Besitzansprüche betonend, den Entschluss fasst, Luise zu töten: »Das Mädchen ist mein! Ich einst ihr Gott, jetzt ihr Teufel!« (NA 5, 71) Er beschimpft sie selbst als »Teufel«, darüber hinaus als »Metze«, »Natter« und, als wäre all das nicht genug, bezeichnenderweise noch als »Wurm« (NA 5, 100 f.). Erst im Augenblick des Todes, da sie für sich und ihren Vater nichts mehr zu befürchten hat, offenbart Luise die eigentliche Ursache ihrer Zurückhaltung, nämlich dazu erpresst worden zu sein. Konfrontiert mit dieser Wahrheit und der eigenen Paranoia, nimmt sich Ferdinand aus Verzweiflung das Leben.

Menschenbilder: *Don Carlos*

Das letzte von Schillers frühen Dramen ist zugleich sein komplexestes. Die Komplexität resultiert bereits aus einer Reihe von äußeren Gründen: Erstens weist es eine vergleichsweise lange Entstehungszeit auf, die mit den ausführlichen Vorstudien des Autors zum historischen Stoff zusammenhängt.

Zweitens liegen insgesamt fünf verschiedene Fassungen vor, die letzte von 1802 (»Weimarer Fassung«). Drittens muss es aufgrund seines beträchtlichen Umfangs als »Lesedrama« aufgefasst werden, weil Aufführungen nicht ohne Kürzungen möglich sind, andernfalls betrüge die Spieldauer über fünf Stunden. Für die Bühne kürzt der Autor das Stück mehrfach selbst, außerdem verlangt die Zensur Kürzungen und Änderungen, die insbesondere die Kritik an der Inquisition in der vorletzten Szene betreffen (Szene V/10). Zudem liegt mit den *Briefen über Don Carlos* eine umfangreiche Deutung von Schiller selber vor, die als grundlegender Paratext das Verständnis des Textes mitbestimmt.

Hinzu kommen innere Gründe für die Komplexitätssteigerung. Da es nicht mehr in Prosa, sondern in Versen verfasst ist und damit eine höhere sprachliche Formalisierung aufweist, gilt es zugleich als Schillers erstes »klassisches« Drama. Dann wiederum kann es als Tragödie mit vielen Konfliktlinien auf mindestens sieben verschiedenen, miteinander verschränkten Ebenen gelesen und interpretiert werden: als Familiendrama nach Gesetzen des bürgerlichen Trauerspiels bei adligem Figurenarsenal, als Freundschaftsdrama mit Bewährungsprobe, als Liebes- und Eifersuchtsdrama, als historisches Drama, als politisches Drama, als Königsdrama sowie als Ideendrama; in seiner Verknüpfung von revolutionärem Pathos und psychologischer Porträtkunst ist es zudem ein Lehrstück über die Ordnungen der Macht. Von besonderem Gewicht ist wieder die Intrige, welche der Autor prinzipiell »für das erste Requisit der Tragödie« gehalten hat (NA 6, 345). Wo die ersten Dramen handlungsstrukturell jeweils ein oder zwei Intrigen zu bieten haben, begegnet man hier einer wahren Verschachtelung von Intrigen, initiiert durch mehrere Impulsgeber zugleich: von

Marquis Posa, von Alba und Domingo, von Prinzessin Eboli und endlich vom Großinquisitor des Königreichs höchstpersönlich. Die allmähliche Potenzierung der Intrige kennzeichnet demnach die Entwicklung von Schillers Dramatik bis hin zu *Wallenstein* und *Maria Stuart*.

Leitmotive und Themen des Frühwerks erscheinen in gebündelter Form: Am Beispiel herausragender Gestalten wie Don Carlos und Marquis Posa wird erneut das Problem von Größe und Individualisierung verhandelt, wobei Schwärmerei des Öfteren auf kalten und abgeklärten Zynismus trifft. Die Figuren geraten in Extremsituationen, ihre Charaktere in die Krise. Schein, Intrige und Verstellung dominieren auch hier die höfischen Umgangsformen, Vertrauen und Ehrlichkeit sind daher hohe Güter. Fragen nach dem Sosein des Menschen stehen wieder im Vordergrund und unterstreichen Schillers durchgängiges anthropologisches Interesse.

Es gibt freilich auch deutliche Unterschiede zu den drei Vorgängerstücken, am sichtbarsten in der Sprache: Der Autor nimmt Abschied von der Prosa zugunsten des Blankverses mit einer Konzentration auf strengere Form, stärkere Rhythmisierung und ausgeprägtere Neigung zur Sentenz. Während in den *Räubern* sowie in *Kabale und Liebe* Verstöße gegen die sprachlichen Normen zur Darstellung von Emotionen gehören, ganz wie in der Literatur des Sturm und Drang üblich, herrscht durch den Vers in *Don Carlos* eine ebenso kultivierte wie kontrollierte Form des Affektausdrucks vor.

Die Handlung spielt im Spanien des 16. Jahrhunderts, mit dem konkreten geschichtlichen Hintergrund der Unabhängigkeitsbestrebungen der Niederlande von Spanien, über welche Schiller zudem eine seiner großen historischen Schriften verfasst hat. Als König ist Philipp II. einer der Protagonisten, ebenso wie sein Sohn Don Carlos. Elisabeth von Valois, Philipps Gattin, war Carlos einst als Braut versprochen und ist daher etwa so alt wie dieser, ungefähr Anfang zwanzig. Statt einer Frau hat Carlos nun zu seinem allergrößten Ärger in ihr eine Stiefmutter, die er trotz drakonischer Strafandrohung leidenschaftlich begehrt. Seine leibliche Mutter war, wie erwähnt, bei der Geburt verstorben, weshalb er sich schuldig fühlt. Doch jetzt herrscht umgekehrte Proportionalität: So wie er dem Vater einst die Frau genommen hat, so hat ihm der Vater nun die Frau genommen. Während der Vater ihn aufgrund der Vorgeschichte von Elisabeth fernzuhalten sucht, sinnt umgekehrt der Sohn zeitweise auf Vatermord. Diese Konstellation entfalten namentlich die ersten beiden Akte als Familien- und Liebesdrama. Dabei kommt Carlos als einer der für Schillers frühe Dramen so typischen Schwärmer zum Vorschein, als »narzisstischer Enthusiast« (Peter-André Alt), zutiefst unglücklich und unzufrieden mit der Väterwelt, die er nach Möglichkeit stürzen oder zumindest angreifen will. Sein Vater, der König, zeigt sich einerseits als kühl berechnender, andererseits als leicht verletzlicher Machtmensch, der hauptsächlich aufgrund seiner exponierten Stellung strukturell isoliert ist, der niemandem trauen kann, weil er alle für käuflich halten muss. Als Tugendexempel steht Elisabeth zwischen den beiden Männern: Ihrem Mann gegenüber ist sie ein Muster an Loyalität, für Carlos hat sie Verständnis, ohne seinen Wünschen zu entsprechen.

Elisabeth wahrt auf diese Weise die schwierige Balance zwischen ihrer öffentlichen Funktion und Rolle als Königin und ihren Gefühlen als Privatperson; in kantischer Terminologie: Sie wahrt die Balance zwischen Pflicht und Neigung, zwischen dem Verstand und dem Herzen als der vermeintlichen »Stimme der Natur« (NA 7/1, 405). Dem Zwang, diese Balance zu finden, sind etliche der Hauptfiguren ausgesetzt, später auch in *Maria Stuart*, in der *Jungfrau von Orleans* sowie in *Wilhelm Tell*. Beispielhaft vorgeführt wird das Problem im wichtigen Verbrüderungsgespräch zwischen Carlos und seinem etwas älteren Mentor, Marquis Posa. In Gegenwart anderer wahren sie, gewissermaßen als »Possenspiel« (NA 7/1, 406), den – im Vergleich zu *Kabale und Liebe* auf höherer Ebene wiederkehrenden – Standesunterschied, der den bloßen Adligen vom Königssohn trennt. Mit Posa allein sucht vor allem Carlos durch vertrauten Umgang die Grenze aufzuheben: »Sind wir / Nicht Brüder? – Dieses Possenspiel des Ranges / Sey künftighin aus unserm Bund verwiesen! / Berede dich, wir beide hätten uns / Auf einem Ball mit Masken eingefunden, / In Sklavenkleider du, und ich aus Laune / In einen Purpur eingemummt. So lange / Der Fasching währt, verehren wir die Lüge, / Der Rolle treu mit lächerlichem Ernst, / Den süßen Rausch des Haufens nicht zu stören.« (NA 7/1, 406) In Carlos' aufklärerischer Vision sollen sie Bürger, Brüder und Freunde sein. Posa ist skeptisch, obwohl er am Ende des Dialogs ins »Du« einwilligt (NA 7/1, 409).

Sein Zögern erwächst aus dem mangelnden Vertrauen in Carlos' Selbstgewissheit. »Ist mein Karl / Auch seiner so gewiss, den Reitzungen / Der unumschränkten Majestät zu trotzen? / [...] Die Freundschaft / Ist wahr und kühn – die kranke Majestät / Hält ihren fürchterlichen Strahl nicht aus. / Den Trotz des Bürgers würden Sie nicht dulden, / Ich nicht den Stolz des Fürsten.« (NA 7/1, 406 f.) Posas Zweifel sind berechtigt, weil Carlos ungeachtet seiner vollmundigen Reden von Größe einen ungefestigten Eindruck macht; noch befindet er sich auf der Suche nach sich selbst und seiner eigentlichen Bestimmung. Bei keinem der vorhergehenden Protagonisten ist die Not der Individualisierung so stark wie bei ihm. Über alles andere hinaus zeigt *Don Carlos* also auch den schwierigen Reifungsprozess einer Figur, die sich zugunsten höherer, »menschheitlicher« Zwecke engagiert und »sich« in diesem Rahmen zugleich selbst »finden« möchte – mithin wird das Drama einer Identitätsfindung gezeigt, welches die Figur durchläuft: »Ich fühle mich.« (NA 7/1, 414) – »Ich bin erwacht, ich fühle mich.« (NA 7/1, 416) – »Wer war ich, und wer bin ich nun?« (NA 7/1, 424) – »Ich will mich finden.« (NA 7/1, 424) – »Ich finde mich.« (NA 7/1, 426) Dieses Schwanken endet vorerst mit der ernüchternden Einsicht: »Ich weiß nichts von mir selber.« (NA 7/1, 437)

Ganz anders stellt sich Marquis Posa dar, die eigentliche Hauptfigur des Textes. Wo Carlos nichts von sich weiß, weiß Posa beinahe alles, und das heißt konkret: »Ich bin / Gefährlich, weil ich über mich gedacht.« (NA 7/1, 510) Carlos ist der unfertige Schwärmer, Posa der fertige. Was Carlos im Größenwahn beklagt: »Drey und zwanzig Jahre, / Und nichts für die Unsterblichkeit gethan!« (NA 7/1, 416), das kann Posa, da er schon etliche Ruhmestaten vollbracht hat, nicht mehr beunruhigen; denn Posa denkt nicht an Größe, sondern ans Allergrößte. Und so hoch und groß, wie er von sich denkt, befasst er sich überhaupt nur noch mit dem Gang der Menschheit schlechthin, denn: »Ich liebe / Die Menschheit« (NA 7/1, 509). Angesichts solcher Abstraktionen hat er fast zwangsläufig nichts Privates mehr, vielmehr begreift er sich gar als »Abgeordneter der ganzen Menschheit« (NA 7/1, 369), der dann folgerichtig die Freundschaft mit Carlos aufs Spiel setzt, um dem höheren Zweck der Befreiung der Niederlande zu dienen. Mit

Posas Beschwörungen kehrt demnach in gesteigerter und ins Politische gewendeter Form das Menschheitspathos wieder, das bereits in den *Räubern* (NA 3, 31 f.), mehr aber noch in *Kabale und Liebe* zu beobachten war.

Posa ist die Figur, mit der das Familiendrama der ersten beiden Akte ins politische Drama der weiteren Akte übergeht. Ohne reales Vorbild im 16. Jahrhundert, ist diese Kunstfigur zudem als bewusster Anachronismus angelegt, sofern sie die Grundideen der Aufklärung verkörpert: Freiheit, Fortschritt, Frieden, Vervollkommnung des Staates und Selbstvervollkommnung des Menschen im Horizont der Perfektibilität. Diesen gravierenden geschichtlichen Unterschied markiert Posa, der sich ausdrücklich als »Künstler« und »Schöpfer« versteht (NA 7/1, 509) und damit Ähnlichkeiten zu Fiesko aufweist, im Übrigen selbst: »Das Jahrhundert / Ist meinem Ideal nicht reif. Ich lebe / Ein Bürger derer, welche kommen werden.« (NA 7/1, 511) Trotz Schwärmerei und Idealismus ist er ein ebenso kühl berechnender Machtmensch. Seine grandiose Selbstermächtigung zum Handeln im weltgeschichtlichen Maßstab begründet er mit dem konkreten politischen Programm zur Befreiung der Holländer. Zu diesem menschheitlichen Zweck erscheinen alle Mittel geheiligt. Die Königin durchschaut als Einzige Posas Machtkalkül und die Verknüpfung von Eitelkeit und Vermessenheit: »Mögen tausend Herzen brechen, / Was kümmert Sies, wenn sich Ihr Stolz nur weidet. / O, jetzt – jetzt lern ich Sie verstehn! Sie haben / Nur um Bewunderung gebuhlt.« (NA 7/1, 587)

Auf doppelte Weise wird Posa in den Blick genommen: im Verhältnis zu Carlos und im Verhältnis zu König Philipp, denen er jeweils intellektuell überlegen ist. Die zentrale Szene und zugleich Höhepunkt des Dramas ist der Dialog mit dem

König (Szene III/10). Der König sucht nach der Wahrheit und einem wahren, unverstellten Menschen, der sie ihm sagen könnte. »Jetzt gieb mir einen Menschen, gute Vorsicht – / du hast mir viel gegeben. Schenke mir / Jetzt einen Menschen. [...] Ich brauche Wahrheit.« (NA 7/1, 497 f.) Als »Abgeordneter der ganzen Menschheit« (NA 7/1, 369) kommt natürlich nur Posa infrage. Grundlegende Themen des Dialogs sind einerseits die unfreie Staatsverfassung, welche die Fürstengröße über das Glück der Bürger stellt (NA 7/1, 514), andererseits aber das Bild vom Menschen selbst, ja das gesamte Gespräch dreht sich im Grunde um die kantische Frage: Was ist der Mensch? Weil der König durchweg klein vom Menschen zu denken scheint und ihm meist niedrige Motive unterstellt, belehrt ihn Posa: »Der Mensch ist mehr, als Sie von ihm gehalten.« (NA 7/1, 515)

Posa scheitert mit seinen politischen Plänen zur Befreiung der Niederlande, doch im Scheitern opfert er sich für Carlos und stellt damit die zuvor missbrauchte Freundschaft als absoluten Wert wieder her. Die aus Vernunft mit Carlos eingegangene Verbrüderung steht am Ende höher als die natürlichen Familienbande, die einen Raum der Unfreiheit bezeichnen. In Carlos' Worten: »Wir waren Brüder! Brüder durch / Ein edler Band, als die Natur es schmiedet.« (NA 7/1, 614) Die auf die Probe gestellte und in dieser Probe gewachsene Freundschaft bildet den Vorschein einer Menschheit im vollendeten Zustand.

Das letzte Wort freilich haben weder Posa noch Carlos, die maßlosen jungen Männer, sondern der steinalte und blinde Großinquisitor, »ein Greis von neunzig Jahren« (NA 7/1, 633). In der vorletzten Szene erscheint er urplötzlich aus dem Nichts – wie ein *deus ex machina*, ein »Gott aus der Maschine«, der offenbar alle Fäden in der Hand gehalten hat und der am Freigeist Posa ein Exempel statuieren wollte. Mit diesem Großinquisitor betritt am Ende von Schillers frühen Dramen auf einmal eine kategorial andere, nämlich unheimliche Form von Größe die Bühne, gegen die alles Vorherige wie ein lachhaftes Kinderspiel anmutet. Souverän setzt er die alte, durch Posa ins Wanken gekommene Staats- und Kirchenordnung als Weltordnung wieder in Kraft. Und auf zynische Weise widerspricht er dem König in dessen pathetischem Wunsch nach einem Menschen ebenso, wie er Posas Behauptung, der Mensch sei mehr, als man von ihm gehalten, indirekt leugnet, indem er ein entgegengesetztes, den Menschen unendlich verkleinerndes und entwertendes Bild entwirft, das zugleich ganz anderes Wissen vom Menschen aktiviert:

KÖNIG. Mich lüstete nach einem Menschen. [...]
GROSSINQUISITOR. Wozu Menschen? Menschen sind / Für
    Sie nur Zahlen, weiter nichts. Muß ich / Die Elemente der
    Monarchenkunst / Mit meinem grauen Schüler überhören?
(NA 7/1, 638)

Mit einer Größe, die nichts mehr suchen und finden und schon gar nichts mehr beweisen muss, sowie mit einer Autorität, die ihrer selbst völlig gewiss ist, stellt der Uralte das Uralte wieder her. Blindheit ist dafür eine der Bedingungen.

Schiller als Lyriker

Der Dichter hält sich an das Sinnliche, um das
Nichtsinnliche anschaulich zu machen.
Schiller, Ästhetische Vorlesungen (NA 21, 84)

Berühmt

Einerseits ist Schiller ein berühmter Lyriker. Neben den Dramen haben die Gedichte seinen außerordentlichen Ruf begründet. Insbesondere im 19. Jahrhundert standen sie in hohem Ansehen, und die große Wertschätzung seiner Balladen, beispielsweise von *Der Handschuh*, *Der Taucher* und *Die Bürgschaft*, hält bis heute an, nicht zuletzt aufgrund ihrer Kanonisierung als Schullektüren. Seine Ode *An die Freude* ist durch Beethovens Vertonung allgemeines Kulturgut geworden; Generationen von Schülern haben bis ins hohe Alter *Das Lied von der Glocke* auswendig hersagen können. Überdies sind etliche einzelne Verse dank ihrer Neigung zur Sentenz, also ihrer Nähe zum Sprichwort, weithin bekannt geworden und unvermerkt in die Alltagsrede eingewandert.

Bei alldem sind Schillers Gedichte nun eines gerade nicht: »Erlebnislyrik«. Sie verweigern damit gezielt jenes Moment, das man in der deutschen Tradition seit Goethe vielfach für den Inbegriff des Lyrischen hält. Im Unterschied etwa zu Goethes *Mailied* und *Willkommen und Abschied* bieten Schillers Texte nirgends das, was man von einem »ordentlichen« Gedicht doch erwarten könnte, denn sie zeigen keine Subjektivität, keine Authentizität, keine Naturhaftigkeit. Nie erweckt der Autor den Anschein, als werde hier irgendwie ein individuelles Erlebnis unmittelbar zum Ausdruck gebracht; selten gibt es einen liedhaften Ton, kaum einen Hauch ursprünglich natürlichen Sprechens, und wo Gefühle ins Spiel zu kommen scheinen, geschieht dies auf äußerst vermittelte Weise. Gegen die landläufige Auffassung von Lyrik als Ich-Ausdruck sind sie hochgradig reflexiv, beziehen sich auf mythologisches Wissen, erscheinen wirklichkeitsfern und oft pathetisch. Sie sind nicht intimer Ausdruck eines lyrischen Ichs, sondern künstliche rhetorische Gebilde von großer Formenvielfalt. In der älteren Forschung hatte man deshalb eher abwertend von »Gedankenlyrik« gesprochen, doch verkürzt diese Zuschreibung Schillers Lyrik auf unzulässige Weise. Und wo einmal eine solche Charakteristik tatsächlich zutrifft, verteidigt sich der Autor mit Recht bereits zu Lebzeiten gegen die unterschwellige Kritik, indem er einen von der Erlebnislyrik differierenden Lyrik-Begriff stark macht. Über *Die Künstler* heißt es an Körner am 9. März 1789: »Es ist ein *Gedicht* und keine Philosophie in Versen; und es ist *dadurch* kein schlechteres Gedicht, wodurch es mehr als ein Gedicht ist.« (NA 25, 220)

Obwohl Schiller demnach einem bestimmten erfolgreichen Muster nicht entspricht, erfreuen sich manche seiner Gedichte außerordentlicher Beliebtheit. Wie lässt sich das erklären? Alles in diesen Texten ist verallgemeinert. Nicht das Individuum steht im Vordergrund, sondern der Mensch als Gattungswesen und Abstraktion. In Entsprechung dazu werden große Menschheitsthemen verhandelt wie Leben und Tod oder Sterben und Freude, wobei dies in einfachen oppositionellen Rastern erfolgt, in Gegenüberstellungen wie Mann und Frau, Elysium und Hölle, Unsterblichkeit und Tod, Staat und Einzelner. Gerade aber solche in übersichtliche Gegensatzpaare gefasste Allgemeinheit macht die Texte zugänglich, weil sich jeder angesprochen fühlen darf. Dazu passt auch die einprägsame sprachliche Gestalt, welche der lyrischen Rede zusätzliche Popularität sichert. Man begegnet einer Fülle an Sentenzen, einer ausgeprägten Spruch- und Formelhaftigkeit einzelner Verse, einer Tendenz zur Pointierung und zum Predigerton, einer Neigung zu gleichsam absoluten Sätzen sowie einer leicht zu entziffernden Bildersprache mit dem Ziel einer Übereinstimmung von Bild und Gedanke, die als ebenbürtig aufgefasst werden, das heißt, das Bild hat keine bloß schmückende Funktion. Viele Gedichte schlagen den hohen Ton an, sind demnach im *genus grande* verfasst, aber dieser Ton bleibt immer verständlich – im Kontrast beispielsweise zur ähnlich erhabenen Rede bei Klopstock oder, mehr noch, bei Hölderlin. Und schließlich ist Schillers Lyrik insgesamt eher untragisch, was ebenfalls zu ihrer Popularität beigetragen haben mag. Sie redet vom Freiheitsanspruch des Einzelnen, vom Überwinden scheinbar unübersteigbarer Hürden, vom möglichen Sieg der Vernunft.

Berüchtigt

Andererseits ist Schiller ein berüchtigter Lyriker. Die populären, leicht zugänglichen, auf Zuspitzungen und Vereinfachungen beruhenden Gedichte sind nämlich auch der Kritik verfallen, nicht zuletzt weil sie so bequem parodiert werden können. Das bekannteste Beispiel hierfür ist die kritisch parodistische Reaktion der Frühromantiker im Kreis um Friedrich Schlegel, die sich gegen Schillers Gedicht *Würde der Frauen* richtet.

Die bereits erwähnte Künstlichkeit wiederum wird als Kälte und Angestrengtheit erfahren; etliche Texte wirken steif und sperrig. Manche davon hat sich der Autor, wie er selbst bekennt, mühsam erarbeitet, und diese Mühe sieht man ihnen zuweilen an. Dabei kommt er stets als gelehrter Dichter daher, als »poeta doctus«, der auf den gelehrten Leser setzt: Er zitiert Muster, spielt mit bekannten Formen, Themen und Klängen, und er macht sich in erster Linie die barocke Verfahrensweise der kunstvollen Variation tradierter Motive zu eigen sowie die Veranschaulichung philosophischer Abstrakta durch Embleme und Allegorien – im Unterschied zu Goethe, der auf das von der Erfahrung, der Erscheinung und dem Besonderen ausgehende Symbol setzt. Viele dieser als künstlich empfundenen Gedichte sind aus dem öffentlichen Bewusstsein geschwunden. Folglich steht inzwischen den wenigen bekannten Texten eine Mehrzahl fast völlig vergessener Texte gegenüber. Ohne es als Rechtfertigung zu betrachten, sei doch zumindest angemerkt, dass sich Schiller selbst grundsätzlich unwohl und fremd auf dem Gebiet der Lyrik gefühlt hat. An Körner schreibt er am 25. Februar 1789 die viel zitierten Sätze: »Das lyrische Fach, das Du mir anweisest, sehe ich eher für ein *Exilium*, als für eine *eroberte Provinz* an. Es ist das kleinlichste und auch undankbarste unter allen.« (NA 25, 211 f.) Aufgrund dieser Skepsis im Blick auf das eigene Vermögen hat er zeitweise überhaupt keine Gedichte geschrieben. Doch seiner ambivalenten Haltung zum Trotz zeigt er sich auch in den lyrischen Gattungen als Virtuose, der ein breites Spektrum an Formen zu nutzen weiß: Neben den prominenten Balladen und der philosophischen Lyrik *(Die Künstler, Die Götter Griechenlandes)* sei beispielhalber auf die Xenien hingewiesen, außerdem auf Gelegenheitsgedichte, Nachdichtungen und Übersetzungen.

Entwicklungen bis 1789

Überblickt man Schillers lyrisches Gesamtwerk, so lassen sich mehrere Phasen unterscheiden. Eine Möglichkeit besteht in der Dreiteilung von Jugendlyrik, philosophischer Lyrik und klassischer Lyrik. Eine zweite, hieran anknüpfende Möglichkeit besteht in der Gliederung nach »radical poet«, »philosophical poet«, »classical poet«, »romantic poet« und »poet of the nation« (Kevin Hilliard). Damit wird einerseits den Entwicklungsphasen innerhalb von Schillers Lyrik Rechnung getragen, andererseits zugleich deren jeweiliger Hauptakzent markiert. Gleich welches Modell man dabei bevorzugt, fällt auf, dass die intensiven Phasen von Schillers Lyrik meist mit seinen Zeitschriftenprojekten einhergehen; so manches Gedicht verdankt sich der schlichten Not, Seiten zu füllen. Das gilt für die erste wesentliche Publikation der *Anthologie auf das Jahr 1782* ebenso wie für die *Horen* in den Jahren 1795 bis 1797 oder für die *Musen-Almanache* von 1796 bis 1800.

Nach der relativ unselbstständigen, im Banne Klopstocks verfassten Jugendlyrik bildet die *Anthologie auf das Jahr 1782* einen ersten Höhepunkt und gibt zugleich einen wichtigen Einblick in die Arbeit des Autors an seinen Darstellungstechniken. In der Auseinandersetzung sowohl mit der Tradition als auch mit der zeitgenössischen Lyrik von Klopstock, Wieland, Haller, Schubart und Bürger zeigt sie einen großen Formenreichtum und ist von Schiller offenbar als Spiel-, Erprobungs- und Experimentierfeld genutzt worden, als Möglichkeit, sich in die vielfältigen Formen lyrischen Sprechens einzuüben, sodass hier förmlich »a veritable museum of contemporary poetic styles« (Kevin Hilliard) entstand. Die von Schiller zusammengestellte *Anthologie* enthält insgesamt 83 Gedichte, davon stammen 48 von ihm selbst. Im Vordergrund stehen die acht Oden an »Laura«, daneben findet man Epigramme, Satiren, Elegien, Hymnen und anderes. Moralische Themen spielen eine Rolle, außerdem die Kirchenkritik; hinzu kommen Huldigungen an wichtige Philosophen wie Rousseau und Spinoza. Eine klare Ordnung innerhalb der Sammlung ist kaum erkennbar, wohl aber der durchweg kraftvolle Ton. Doch selbst diese Gedichte, wiewohl sie noch im Horizont des Sturm und Drang stehen, sind keine Erlebnisgedichte, auch wenn deren Gestus mitunter aufscheint. So lassen die »Laura«-Gedichte keine Rückschlüsse auf persönliche Erfahrungen zu. Eher bieten sie eine abstrakt-moralistische Liebesmetaphysik dar, bei der die Liebe keine konkrete Erfahrung bildet, sondern als philosophisches Formelwort instrumentalisiert wird:

Fantasie

an Laura

[...]

Mit der Liebe Flügel eilt die Zukunft
In die Arme der Vergangenheit,
Lange sucht der fliehende Saturnus
Seine Braut – die Ewigkeit.

[...]

Eine schönere Aurora röthet,
Laura, dann auch unsrer Liebe sich,
Die so lang als jener Brautnacht dauert,
Laura! Laura! freue dich!
(NA 1, 48)

Neben der Liebe findet hier überhaupt ein Aufmarsch aller »großen Worte« jenseits von möglichen konkreten Bezügen statt. In Anlehnung an die barocke Bildlichkeit spricht das pathetische Gedicht von Geist, Planeten, Sonne, Gestirn, All, Weltsystemen, vom Uhrwerk der Naturen, von Göttern, Schöpfung, Hölle und dergleichen mehr. Überdies ruft es die Tradition des Petrarkismus auf – Laura war die besungene Schöne des Renaissancedichters Francesco Petrarca, auf dessen *Canzoniere* sich Schiller thematisch und formal bezieht.

Insgesamt sind die frühen, oft nur vorhandene Muster nachahmenden Gedichte von rhetorischem Pathos geprägt, von Überschwang, Exzentrik und Enthusiasmus; sie weisen starke Typisierungen auf und kippen durch Verallgemeinerungen wiederholt ins Banale, indem sie bloß formelhaft von Schicksal, Glück, Tugend, Liebe oder Tod reden.

Nach 1782 folgen zunächst relativ wenige lyrische Texte, teilweise aufgrund von Schillers Bühnenengagement in Mannheim. Größere Aufmerksamkeit beanspruchen dann erst wieder die 1786 in der *Thalia* veröffentlichten Gedichte, insbesondere *Resignation* und die Ode *An die Freude*, die bisweilen schon als Übergangsgedicht zur klassischen Lyrik betrachtet wird; allerdings hat sich der Autor dazu später selbst sehr kritisch geäußert. Den eigentlichen Neueinsatz stellt freilich die philosophische Lyrik vom Ende der Achtzigerjahre dar: mit den Gedichten *Die Götter Griechenlandes* (1. Fassung:

1788, 2. Fassung: 1793) und *Die Künstler* (1789). Aufgrund ihres Gehalts und ihres programmatischen Charakters gehören sie zu den wichtigsten Texten des Autors überhaupt.

Was ist nun unter philosophischer Lyrik zu verstehen? Alternative Bezeichnungen dafür sind zum Beispiel Gedankenlyrik, Ideenlyrik, Reflexionspoesie oder auch Weltanschauungslyrik – in jedem Falle zielen diese Begriffe auf eine Abgrenzung von der Erlebnislyrik und legen den Akzent auf die poetische Gestaltung von Gedankenabläufen. Mit philosophischer Lyrik, die als Variante der Lehrdichtung gilt, ist allerdings nicht gemeint, dass lediglich eine Gedankenkonstruktion in Versform entstehen soll oder dass die bildliche Rede dem Gedanken nachgeordnet wäre. Vielmehr geht es im speziellen Falle Schillers um ein Wechselverhältnis von Bild und Begriff bei insgesamt allegorischer Tendenz. Die im Zuge dessen entfaltete Sprachbildlichkeit strebt über ihre schmückende Funktion *(ornatus)* hinaus und dient selbst als zentrales Vehikel der Erkenntnis. Das unterstreicht auch Schillers Darstellung über das Zustandekommen eines solchen Gedichts. Im Brief an Körner vom 25. Mai 1792 erörtert er die außergewöhnliche Eigenmacht des Schreibprozesses, bei dem nicht ein Gedanke am Ursprung liege, den es womöglich bildhaft einzukleiden gelte, sondern eher etwas Undeutliches, gleichsam Musikalisches, während die Ideen erst als Ergebnis von Prozessualität in Erscheinung treten: »Das Musikalische eines Gedichts schwebt mir weit öfter vor der Seele, wenn ich mich hinsetze es zu machen, als der klare Begriff vom Innhalt, über den ich oft kaum mit mir einig bin.« (NA 26, 142) Ungeachtet dieses Hinweises auf das Musikalische, Klanglich-Rhythmische, Vorbegriffliche und Unsprachliche bleibt es Schillers Hauptproblem, jederzeit durch Schematismen ins Banale abkippen zu können. Seine

Fähigkeit zur Pointierung verselbstständigt sich bisweilen zur philiströsen bürgerlichen Lebenslehre, wobei gerade dies den Gedichten im 19. Jahrhundert, also im Zeitalter des etablierten Bürgertums, ihre ungeheure Wirkung bescheren wird.

Das Gedicht *Die Götter Griechenlandes*, welches stellvertretend kurz beleuchtet sei, ist ein Klagegesang über den Verlust der antiken Götter; dieser Klagegesang steht am Beginn von Schillers Entfaltung eines klassischen Antike-Mythos. Entscheidende Prägung erfährt dieser Mythos durch die Kontrastierung der schönen, harmonischen Welt der Antike mit der seelenlosen Welt der Gegenwart, aber auch mit einer in die Irre gegangenen christlichen Kirche, welche die vielen Götter durch den kalten und strengen einen Gott ersetzt hat. »Schöne Welt, wo bist du? – Kehre wieder, / holdes Blüthenalter der Natur! / Ach! nur in dem Feenland der Lieder / lebt noch deine goldne Spur. / Ausgestorben trauert das Gefilde, / keine Gottheit zeigt sich meinem Blick, / Ach! von jenem lebenwarmen Bilde / blieb nur das Gerippe mir zurück.« (NA I, 154) Die zweite, etwas geänderte und entschärfte Fassung endet mit den metapoetischen Strophen:

Müßig kehrten zu dem Dichterlande
Heim die Götter, unnütz einer Welt,
Die, entwachsen ihrem Gängelbande,
Sich durch eig'nes Schweben hält.

Ja sie kehrten heim und alles Schöne
Alles Hohe nahmen sie mit fort,
Alle Farben, alle Lebenstöne,
Und uns blieb nur das entseelte Wort.

> Aus der Zeitfluth weggerissen schweben
> Sie gerettet auf des Pindus Höhn,
> Was unsterblich im Gesang soll leben
> Muss im Leben untergehn.
> (NA 21, 366 f.)

Beiden Fassungen des Textes liegt dieselbe geschichtsphilosophische Konstruktion zugrunde. Die heile Welt der Antike zeichnet sich durch Ganzheit, Schönheit, Poesie, sinnliche Fülle, Glück, Wahrheit, Adel der Natur und eine ganze Heerschar von Göttern aus. Die brüchige moderne Welt dagegen stellt eine Welt der Kälte, Leere, Prosa, Entfremdung und trostlosen Askese dar; sie leidet an der »entgötterten Natur« (NA 21, 366) und steht im Banne nur noch eines Gottes.

Diese Entgegensetzung von Antike und Moderne wird nun mehr noch als zuvor eine Grundkonstante in Schillers Texten bilden, wobei dem Verlust an Schönheit und vor allem Ganzheit ein lediglich zweifelhafter Gewinn gegenübersteht, der sich mit Begriffen wie Vernunft, Freiheit und Selbstbestimmung umreißen lässt. Weitere Ausformulierung und Präzisierung erhält diese Konstruktion in der Elegie *Der Spaziergang*, aber auch in vielen theoretischen Texten, allen voran in *Über naive und sentimentalische Dichtung* und in den *Briefen über die ästhetische Erziehung des Menschen*.

Theorie der Dichtung

Auf den Abschluss des großen Gedichts *Die Künstler* folgt eine fast siebenjährige poetische Pause. Zwischen 1788 und 1794 stehen im Zentrum von Schillers Arbeit Geschichte, Dramentheorie und ästhetische Theorie. In Form von zwei bedeutenden Rezensionen erstreckt sich dieses theoretische Interesse freilich auch auf die Lyrik. Eine davon, entsprechend den Gepflogenheiten der Zeit zunächst anonym publiziert, ist die Rezension *Über Bürgers Gedichte* aus dem Jahr 1791; sie zählt zu den Meilensteinen der deutschen Literaturkritik. Die zweite von 1794 heißt *Über Matthissons Gedichte*. Durch die Kritik an Bürger und Matthisson treten Schillers eigene Positionen in der Lyrik deutlicher ans Licht; offensichtlich nutzt der Autor die Rezensionen als Anlässe, sich über wesentliche poetologische Prinzipien klar zu werden.

Den Ausgangspunkt in der Rezension zu Bürgers Gedichten bildet eine Zeitdiagnose, die mit Gattungsfragen verbunden wird: Es sei keine gute Zeit für Lyrik in einem philosophischen Zeitalter – man lebe in »so unpoetischen Tagen« (NA 22, 245). Diese allgemeine Zeitdiagnose überführt Schiller dann wiederum in eine übergreifende Diagnose der Moderne, die sich mit den Thesen aus *Die Götter Griechenlandes* weithin deckt. Thematisiert werden die zunehmende Vereinzelung des Menschen sowie die Ausdifferenzierungs- und Entfremdungsprozesse in der modernen Gesellschaft. Genau daraus aber, und das ist für das Verständnis Schillers grundlegend, erwächst die eigentliche Aufgabe der Dichtung: nämlich den mit sich und der Welt zerfallenen Menschen wieder zusammenzusetzen, ihn wieder zum »ganzen Menschen« zu machen und ihn möglichst noch zu »veredeln«. Denn es ist »die Dichtkunst beinahe allein, welche die getrennten Kräfte der Seele wieder in Vereinigung bringt, welche Kopf und Herz, Scharfsinn und Witz, Vernunft und Einbildungskraft in harmonischem Bunde beschäftigt, welche gleichsam den *ganzen Menschen* in uns wieder herstellt.« (NA 22, 245)

Doch wie hat man sich das konkret vorzustellen? Der Dichter könne mit seinem Werk nichts »geben« als »seine Individualität« (NA 22, 246). Weil er aber Künstler ist und damit im Verständnis des späten 18. Jahrhunderts ein exemplarisches Individuum, ist das, was er sagt und was ihn ausmacht, gleichzeitig *verallgemeinerbar*. Das »Geben von Individualität« ist folglich nicht als Form begrenzten Selbstausdrucks zu interpretieren, sondern im Sinne Hegels aufzufassen: Nur wenn der Künstler ganz subjektiv wird, kann er ganz objektiv werden – kann also das, was er zur Anschauung bringt, allgemeine Gültigkeit beanspruchen. Schiller selbst unterscheidet ausdrücklich zwischen der *Individualität*, die gegeben werden soll, und dem *Selbst*, das gerade nicht gegeben werden soll (NA 22, 257).

Diese Verallgemeinerbarkeit bedingt nun eine bestimmte formale Gestaltung, die sinnliche Details sparsam verwendet und sich nicht im zufälligen Einzelnen oder, wie er Bürger vorwirft, in »Cruditäten« (NA 22, 253) verliert. Denn Bürger setze in Vernachlässigung des Geistigen nur auf sinnliche Eindrücke, auf das Bunte, Grobe, Abgeschmackte und Vermischte. Kritikwürdig sei zudem der Stil, der vor Ausdrücken wie »Schinderknochen – Schurken – Fuselbrenner – Galgenschwengel [...] – Hui und Pfui« (NA 22, 252 f.) nicht zurückscheue. Statt auf die Allgemeinheit als Publikum ziele er auf »Leser besonders, die nur für das Sinnliche empfänglich sind und, den Kindern gleich, nur das *Bunte* bewundern.« (NA 22, 254) Doch verallgemeinerbar wird etwas allein unter der Bedingung, dass es bereits selbst den Modus der Idealisierung aufweist, dass es also »in reine Form verwandelt« worden ist (NA 26, 227). Eigenschaften einer solchen reinen Form wären Ebenmaß, Harmonie, Allgemeingültigkeit und Totalität (NA

22, 253). Erst hierdurch erscheint die Forderung nach »generalisierter Individualität« einlösbar (Schiller an Körner, 10. November 1794; NA 27, 81).

Bürger war empört und schrieb eine Antikritik, auf die Schiller, erneut anonym, eine sogenannte Duplik folgen ließ. Abermals besteht er auf der notwendigen Verallgemeinerung des Individuellen. Nur Empfindungen, die zum allgemeinen Charakter der Menschheit erhoben – idealisiert, in reine Form verwandelt – werden, seien überhaupt zur allgemeinen Mitteilung geeignet (NA 22, 260). Weil das Individuelle in einem allgemeinen Medium wie der Sprache nicht teilbar und mitteilbar sei, müsse es selbst generalisiert werden, damit es vom Allgemeinen der Sprache erfasst werden könne. Poetologische Grundsätze wie Wahrheit, Natürlichkeit, Menschlichkeit würden durch diese Idealisierung nicht leiden. »*Menschlich* heißt uns die Schilderung eines Affekts, nicht weil sie darstellt, was ein einzelner Mensch wirklich so empfunden, sondern was *alle Menschen* ohne Unterschied *mitempfinden* müssen.« (NA 22, 260) Allein indem sie die Möglichkeit des sinnlichen *und* geistigen Nachvollzugs schafft, bewährt sich die Darstellung in ihrer Verallgemeinerbarkeit. Und erst wo die Darstellung dem Leser diesen umfassenden Nachvollzug erlaubt, kann er als ganzer Mensch bei der Sache sein.

Die Rezension zu Matthisson wird, natürlich neben der Thematisierung anderer poetologischer Aspekte wie Einbildungskraft, Musikalität und Bewegung, diese Argumentation fortführen und noch stärker betonen, dass der Dichter sich zur Gattung steigern und als Mensch überhaupt erfassen müsse, damit seine Werke Allgemeingültigkeit erlangen können. Nicht zuletzt in der hier wiederholten Forderung nach »subjektiver Allgemeinheit« (NA 22, 269) zeigt sich noch einmal die Ferne zum Konzept der Erlebnislyrik, die ganz auf intimen Selbstausdruck setzt.

Klassische Lyrik

Die Matthisson-Rezension entsteht im Vorfeld der sogenannten klassischen Lyrik von 1795 bis 1799, welche zwar mit der Gedankenlyrik und den Balladen zwei Schwerpunkte aufweist, doch insgesamt durch eine außerordentliche Formenvielfalt gekennzeichnet ist. Dazu gehören Lieder, Rätsel, Parabeln, Epigramme, sentenziöse Spruchgedichte, Xenien und Gelegenheitsgedichte. Zentral sind freilich die philosophischen Gedichte im engen Sinne; sie verdanken Diskussionen mit Körner, Goethe und Wilhelm von Humboldt vielfache Anregungen. Stellvertretend seien genannt *Das Ideal und das Leben* (1795), *Die Ideale* (1795), *Der Tanz* (1795), *Der Spaziergang* (1795), *Klage der Ceres* (1796) und *Nänie* (1799). Es handelt sich hierbei fast durchweg um mythologisch aufgeladene, allegorisch strukturierte Texte in hymnischer Stillage, die das in den Rezensionen postulierte Moment der Verallgemeinerung von Einsichten in Leben, Kunst, Natur und Geschichte zu erkennen geben.

Eine wichtige Elegie soll näher in Augenschein genommen werden: *Der Spaziergang*. Der Begriff der Elegie kann erstens ein in Distichen (Zweizeilern) verfasstes Gedicht bezeichnen, zweitens eine sanfte melancholische Klage oder drittens ein Liebesgedicht in der Tradition der erotischen Elegie. Mitte des 18. Jahrhunderts erfolgt durch Klopstock eine nähere Bestimmung der Gattung, die fortan mit dem neuartigen psychologisch-ästhetischen Konzept des Elegischen als eines vermischten Gefühlszustandes verbunden wird, zum Beispiel in der Thematisierung einer Verlusterfahrung als Klage, Trauer oder Wehmut. Da zur Elegie ein reflexiver Grundmodus gehört, ist diese Gattung von vornherein besonders interessant für den gern als »Gedankenlyriker« charakterisierten Schiller, denn der elegische Dichter »drückt« weniger »aus«, was er fühlt, er »bespricht«, was er fühlt (Friedrich Theodor Vischer).

Die Elegie *Der Spaziergang* hat Schiller selbst als *Höhepunkt* seines lyrischen Schaffens betrachtet, nicht zuletzt, wie er an Körner am 21. September 1795 schreibt, weil der Text »die meiste poetische Bewegung hat« (NA 28, 60). Es ist eine Elegie im Sinne des Elegischen als Thematisierung einer Verlusterfahrung, insbesondere der verlorenen Einheit mit der Natur. *Der Spaziergang* veranschaulicht eine geordnete Bewegung im Raum als gerichtete und geschichtsphilosophisch zu verstehende Bewegung der Menschheitsentwicklung, bei der Naturbeschreibung und anthropologisch-historische Skizze ineinander übergehen. Bewegung wird dabei sowohl im konkreten als auch im übertragenen Sinne funktionalisiert. Das lyrische Subjekt bewegt sich aus dem engen Zimmer in die schöne Natur *(locus amoenus)*, die zugleich als befreiend empfunden wird, von dort aus weiter ins zwar beschränkte, aber idyllische Dorf, dann in die Stadt, wo zwischenmenschliche Enge herrscht, die sich allerdings aufgrund ihrer Urbanität als produktiv für Kultur, Wissenschaft und Kunst erweist, schließlich in die schreckliche, erhabene und einsame Natur *(locus terribilis)*, die in einem finalen Bewusstseinsakt auf Distanz gebracht wird. In dieser Erhebung über sie gelingt zugleich die erneute Vereinigung mit der Natur. Das heißt, es wird kein realer Verlust erörtert, sondern ein möglicher Verlust des Zusammenhangs mit der Natur durchgespielt.

Der Spaziergang [Auszüge]

Sey mir gegrüßt mein Berg mit dem röthlich strahlenden
   Gipfel,
Sey mir Sonne gegrüßt, die ihn so lieblich bescheint,
Dich auch grüß ich belebte Flur, euch säuselnde Linden,
Und den fröhlichen Chor, der auf den Aesten sich wiegt,
Ruhige Bläue dich auch, die unermesslich sich ausgießt
Um das braune Gebirg, über den grünenden Wald,
Auch um mich, der endlich entflohn des Zimmers Gefäng-
   niß
Und dem engen Gespräch freudig sich rettet zu dir [...]
Bin ich wirklich allein? In deinen Armen, an deinem
Herzen wieder, Natur, ach! und es war nur ein Traum,
Der mich schaudernd ergriff, mit des Lebens furchtbarem
   Bilde [...].
(NA 21, 308–314)

Der Text gründet, ähnlich wie in *Die Götter Griechenlandes*, auf der geschichtsphilosophischen Entgegensetzung von ganzheitlicher Antike und einer von Brüchen gekennzeichneten Moderne; zudem ist er über weitere Oppositionen strukturiert, zum Beispiel Enge und Regel versus Weite und Freiheit, Land versus Stadt, schöne Natur versus schreckliche Natur, löbliche Freiheit als Vernunft versus gefährliche Freiheit als Zügellosigkeit: »Freiheit ruft die Vernunft, Freiheit die wilde Begierde« (NA 21, 312). Die hier zur Anschauung gelangende Mehrdeutigkeit der schillerschen Zentralbegriffe »Natur« und »Freiheit« gibt zugleich ein nachdrückliches Beispiel dafür, wie seine Begriffe in unterschiedlichen Zusammenhängen und Perspektiven Unterschiedliches bedeuten können. Der

Autor unterwirft in diesem Text förmlich seine Begriffe einer semantischen Bewegung, indem er die dialektische Prozessualität des Denkens mit der Bewegung des lyrischen Subjekts durch den Raum parallelisiert.

Balladen und Xenien

Schillers Balladen und Xenien gehören zu den wichtigen Resultaten der engen Zusammenarbeit mit Goethe. Deren berühmteste Exempel aus dem sogenannten Balladenjahr 1797 wie *Der Handschuh*, *Der Taucher*, *Die Bürgschaft* oder *Die Kraniche des Ibykus* stellen im Grunde moralische Erzählungen von Daseinsbewältigungen in der Tradition des aufgeklärten 18. Jahrhunderts dar.

Diese wort- und bildgewaltigen Balladen, bis heute Schullektüre, sind aktionsgeladene, in der Handlung rasch fortschreitende Texte, die im Aufbau oft Strukturen des Dramas nachahmen, etwa im Falle des *Tauchers*:

Wer wagt es, Rittersmann oder Knapp,
Zu tauchen in diesen Schlund?
Einen goldnen Becher werf ich hinab,
Verschlungen schon hat ihn der schwarze Mund.
Wer mir den Becher kann wieder zeigen,
Er mag ihn behalten, er ist sein eigen. [...]
(NA 21, 266)

Ein Jüngling folgt dieser Verlockung und bringt den Becher unbeschadet zurück. Doch der König provoziert ihn ein zweites Mal und verspricht ihm gar die Tochter als Gattin, wenn er abermals zum Meeresgrunde taucht. Dieser ungeheuerlichen Versuchung kann der Jüngling nicht widerstehen:

> Da ergreift's ihm die Seele mit Himmelsgewalt,
> Und es blitzt aus den Augen ihm kühn,
> Und er siehet erröthen die schöne Gestalt,
> Und sieht sie erbleichen und sinken hin,
> Da treibt's ihn, den köstlichen Preis zu erwerben,
> Und stürzt hinunter auf Leben und Sterben.

> Wohl hört man die Brandung, wohl kehrt sie zurück,
> Sie verkündigt der donnernde Schall,
> Da bückt sich's hinunter mit liebendem Blick,
> Es kommen, es kommen die Wasser all,
> Sie rauschen herauf, sie rauschen nieder,
> Den Jüngling bringt keines wieder.
> (NA 21, 271).

Erkennbar ist die Dramaturgie der Balladen auf Höhepunkte berechnet, welche die Figuren in psychischen Extremsituationen zeigen. Wie in den Dramen und den Erzählungen spielt demnach auch in den Balladen als »exemplarischen Bewusstseinsgeschichten« (Wulf Segebrecht) das psychologische Moment eine maßgebliche Rolle. Zuweilen erscheinen die Texte förmlich als Versuchsanordnungen, in denen Figuren moralische Entscheidungen treffen oder zwischen idealtypischen Handlungsmöglichkeiten wählen müssen, wobei der Autor mehrfach auf antike oder christliche Themenkomplexe zurückgreift, beispielsweise in *Der Ring des Polykrates*, *Die Kraniche des Ibykus* und *Die Bürgschaft*.

Die Xenien wiederum verfasst er gemeinsam mit Goethe

seit Ende Dezember 1795. Es sind Spottverse nach dem Muster des römischen Dichters Martial, insgesamt über 900. Die Mehrzahl stammt angeblich von Schiller, doch ist die Verfasserschaft – ganz im Sinne der beiden Autoren – nicht immer zu ermitteln. Sie richten sich im direkten Zeitbezug gegen die gesamte literarische Intelligenz Deutschlands mit Ausnahme Wielands, ja sie richten sich überhaupt gegen jede Form von Mittelmäßigkeit und Dilettantismus in literarischer Hinsicht, außerdem gegen politische Entwicklungen wie die aufbrechenden patriotischen Tendenzen im Vorfeld der deutschfranzösischen Konflikte zu Beginn des 19. Jahrhunderts. Um wenigstens drei Beispiele zu geben: »Das Verbindungsmittel / Wie verfährt die Natur, um hohes und niedres im Menschen / Zu verbinden? Sie stellt Eitelkeit zwischen hinein.« (NA I, 310) »Jean Paul Richter / Hieltest du deinen Reichthum nur halb so zu Rathe wie jener / Seine Armuth, du wärst unsrer Bewunderung werth.« (NA I, 314) »Das Deutsche Reich / Deutschland? aber wo liegt es? Ich weiß das Land nicht zu finden. / Wo das gelehrte beginnt, hört das politische auf.« (NA I, 320) Solche anspielungsreichen, prägnanten und scharf formulierten Verse wurden damals als Sprengstoff und absolutes Skandalon empfunden. Ein ihnen angemessenes Verständnis setzt heutzutage die genaue Kenntnis von historischen Personen und Umständen voraus, bedarf also einer Vertrautheit mit dem unmittelbar polemischen Zeitbezug, durch welchen sich diese kurzen Texte grundlegend von der meist auf das Überzeitliche gerichteten philosophischen Lyrik unterscheiden.

Nach 1800 verfasst Schiller nur noch wenig Lyrik, wie zusammenfassend überhaupt gesagt werden darf, dass die Zahl seiner ohnehin im »Exil« verfassten Gedichte im Vergleich zu anderen Autoren überschaubar ist. Sein Selbstverständnis war ausdrücklich nicht das eines Lyrikers, obgleich er selbst auf diesem Gebiet als einflussreicher Autor erscheint.

Schiller als Erzähler

Was selbst der Dichter, der keusche Jünger der Muse,

sich erlauben darf, sollte das dem Romanschreiber,

der nur sein Halbbruder ist, und die Erde noch

so sehr berührt, nicht gestattet seyn?

Schiller: Über naive und sentimentalische Dichtung (NA 22, 462)

Skepsis und Faszination

Was die Lyrik kennzeichnet, gilt fast noch mehr für Schillers Epik: Er hat ein distanziertes, sehr wohl aber pragmatisches Verhältnis zu ihr. Nicht zuletzt betrachtet er sie als Gattung, mit der sich auch Geld verdienen und ein großes Publikum erreichen lässt, was für einen freien Autor, im 18. Jahrhundert noch ein seltenes Phänomen, von überlebenswichtiger Bedeutung ist. Mit Blick auf den allgemeinen Publikumsgeschmack legt Schiller großen Realitätssinn an den Tag und erweist sich zugleich als souveräner Stratege des Literaturbetriebs. Er hat keine Bedenken, sich den Vorlieben des Publikums wie Spannung, Abwechslung und Kürze anzupassen, verachtet diese (Brot-)Arbeit jedoch gleichzeitig. Nichtsdestoweniger liest er aus Unterhaltungsgründen häufig selbst Trivial- und Kriminalliteratur, welche im Übrigen den Vorteil bietet, bestimmte

Darstellungsmuster, zum Beispiel Techniken der Spannungserzeugung, besonders deutlich hervortreten zu lassen, sodass er hier zugleich sein eigenes Formbewusstsein weiter ausbilden kann. Während die Lyrik zwei Hochphasen aufweist, gibt es in der Epik nur eine, nämlich die Zeit zwischen 1782 und 1789, in der sämtliche Erzähltexte Schillers entstehen.

In gattungstheoretischer Hinsicht denkt Schiller stark hierarchisch. Für die poetischen Genres im strengen Sinne hält er das Drama und die lyrischen Formen. Das ist nicht nur Literatur, sondern wahrhaft *Poesie*. Damit teilt er die allgemeine Auffassung im 18. Jahrhundert, insbesondere in Deutschland, die Prosaformen wie Roman und Erzählung eher reserviert betrachtet. Noch im Jahr 1780 stellt Johann Karl Wezel in der Vorrede zu seinem Roman *Herrmann und Ulrike* fest: »Der Roman ist eine Dichtungsart, die am meisten verachtet und am meisten gelesen wird.«[1] Der Roman, der in Spanien mit Cervantes' *Don Quijote*, in England mit Henry Fieldings *Tom Jones*, Samuel Richardsons *Pamela; or Virtue Rewarded* oder Laurence Sternes *The Life and Opinions of Tristram Shandy* und in Frankreich mit Rousseaus *Julie ou La Nouvelle Héloïse* bereits Musterbeispiele aufzuweisen hat, beginnt sich in Deutschland als Gattung von Ansehen, das heißt jenseits bloßer Unterhaltung, erst allmählich zu etablieren, wobei die Romane Christoph Martin Wielands aus den Sechziger- und Siebzigerjahren und Goethes *Die Leiden des jungen Werthers* von 1774 allerdings sogleich Maßstäbe setzen.

Schillers Zurückhaltung gegenüber dem Roman gründet auf zwei miteinander verbundenen Argumenten, einem inhaltlichen und einem formalen. Aus inhaltlicher Perspektive muss sich der Roman zu stark auf die Darstellung der zeitgenössischen Lebenswelt und damit auf historisch Zufälliges einlassen – er »berührt« also »die Erde noch so sehr«. Dadurch jedoch wird die Literatur als Kunst heteronom, das heißt, sie gibt ihre Freiheit preis, über den dargestellten Gegenstand vollständig selbst bestimmt und diesen »in reine Form verwandelt« (NA 26, 227) zu haben, denn »in einem wahrhaft schönen Kunstwerk soll der Inhalt nichts, die Form aber alles thun« (NA 20, 382). Das grundsätzliche Streben nach Formalisierung zeichnet demnach nicht nur Schillers Sprachanschauung aus, sondern auch seine Überlegungen zu Gattungstheorie und Darstellungsfragen allgemein; nicht zu Unrecht hat daher Max Kommerell Schiller als »Anbeter der reinen Form« bezeichnet.[2] Erst mit der Verwandlung des Gegenstandes »in reine Form« nämlich, ja mit der *Vertilgung des Stoffs durch die Form* stellt der Künstler seine Selbstständigkeit und Unabhängigkeit – seine Autonomie – unter Beweis: Weder lässt er sich den Gegenstand von anderen Autoritäten vorschreiben, etwa von der Tradition, dem Staat oder der Kirche, noch lässt er sich vom Gegenstand etwas vorschreiben, zum Beispiel »Fakten«. Die Autonomie von Literatur und Kunst aber ist in Schillers Sicht generell der höchste Wert, dem ein Künstler gerecht werden soll: »Darinn also besteht das eigentliche Kunstgeheimniss des Meisters, *dass er den Stoff durch die Form vertilgt*; und je imposanter, anmaßender, verführerischer der Stoff an sich selbst ist [...], desto triumphierender ist die Kunst, welche jenen zurückzwingt und über diesen die Herrschaft behauptet.« (NA 20, 382)

Damit unmittelbar verknüpft ist ein formales Problem im handwerklichen Sinne. Denn der Roman hat den Nachteil, keine streng bestimmte Form zu sein, weshalb es ihm an poetischer Qualität zu mangeln scheint. Gleichsam als Form der Formlosigkeit ist der Roman zu allem fähig: Handlungen können erzählt und Gegenstände können beschrieben werden, Dialoge wie im Drama können auftreten, Gedichte und Lieder können als Teil der Figurenrede erscheinen usw. – der Roman kann also nach Belieben die eigene Gestalt wechseln. Was sich vielen Autoren als spezifisches Potenzial und überbordender Reichtum darbietet, interpretiert Schiller eher als Ausweis fehlender Strenge und Kunstgemäßheit.

Aspekte des Erzählens – Erzählen vom Inneren

Trotz der skizzierten Skepsis zeigt sich der Autor auch in der Epik, ganz analog zu seinen lyrischen Arbeiten, als Virtuose der Form, der nicht nur ein breites Formenspektrum sicher beherrscht, sondern die vorhandenen Darstellungsmöglichkeiten zu erweitern sucht. Die wichtigsten fünf der ohnehin wenigen Prosatexte sind *Eine großmütige Handlung, Der Verbrecher aus verlorener Ehre, Spiel des Schicksals, Der Geisterseher* sowie *Merkwürdiges Beispiel einer weiblichen Rache*. Gattungstheoretisch sind diese Erzählungen angesiedelt zwischen philosophischem Gespräch, Novelle, Biografie, psychologischer Fallstudie und historischer Anekdote. Ihre zentralen Darstellungsmerkmale bestehen in der novellistischen Tendenz, das heißt im Zuspitzen der Handlung auf einen Höhe- oder Wendepunkt hin, in der Vortäuschung eines historisch wahren Geschehens, im Ideal der Knappheit und Kürze *(brevitas)*, das ausschmückende Details verweigert, in einer vorwärtstreibenden Erzähldynamik, die sich ganz auf das rasche Abrollen der Handlung und das Erzeugen von (bisweilen kolportagehafter) Spannung konzentriert, sowie in einer gezielten Psychologisierung der Figuren. Unter Psychologisierung ist dabei sowohl die Darstellung der Leidenschaften, Bedürfnisse, Triebe und Motive der handelnden Figuren zu verstehen als auch die Darstellung des Geworden-Seins einer Person aufgrund ihrer Vergangenheit, insgesamt also die Darstellung der inneren Geschichte einer Figur.

Diese Aufmerksamkeit für das Innere des Menschen gehört zu den Obsessionen namentlich der zweiten Hälfte des 18. Jahrhunderts, in dem »das moderne Subjekt« entdeckt wurde. Dabei stellen sich zugleich prinzipielle Fragen, etwa welches Wissen es von diesem Inneren geben kann, in welcher Sprache das Innere sich angemessen zu äußern vermag oder wie man von außen an dieses Innere herankommt. Um zumindest für die letzte Frage zwei Antworten exemplarisch herauszuheben, sei zum einen auf Johann Caspar Lavaters wirkungsmächtiges Projekt einer Physiognomik als Wissenschaft verwiesen, also auf den Versuch, von der Gesichtsbildung des Einzelnen unmittelbar auf seinen Charakter zu schließen, und zum anderen auf Lessings Verständnis von Handlungen. In den Dramen *Die Juden* sowie in *Nathan der Weise* führt Lessing auf anschauliche Weise vor, dass es am Ende die Handlungen sind, die das Individuum als Ganzes zu erkennen geben. Auf dieser Linie wird sich noch Hegel bewegen, wenn er feststellt: »Die Handlung ist die klarste Enthüllung des Individuums, seiner Gesinnung sowohl als auch seiner Zwecke; was der Mensch im innersten Grunde ist, bringt sich erst durch sein Handeln zur Wirklichkeit [...].«[3]

Die Aufgabe, das neu entdeckte Innere darzustellen, wird nun aber in der zeitgenössischen Theoriebildung gerade der Gattung Roman zugewiesen. In seinem *Versuch über den Roman* aus dem Jahr 1774 fordert Christian Friedrich von Blanckenburg ausdrücklich von dieser Gattung, »das ganze innre Seyn«

der Figuren zu entfalten; der Dichter »kann den Vorwand nicht haben, dass er das Innre seiner Personen nicht kenne. Er ist ihr Schöpfer [...]«.[4] Folglich genügt es nicht, bloße Handlungen zu erzählen, wenn nicht zugleich die inneren Voraussetzungen als Handlungsgrundlage miterzählt werden, da Handlungen hier, anders als bei Lessing, nicht schon von sich aus etwas zu verstehen geben. Auf das Innere vor den Handlungen kommt es an, denn »ist etwan dies Innre nicht das Wichtigste bey unserm ganzen Seyn?«[5] Die radikalste Konsequenz aus dieser Vorgabe hat zweifellos Karl Philipp Moritz gezogen, indem er seinen zwischen 1785 und 1790 veröffentlichten Text *Anton Reiser* mit dem programmatischen Untertitel »Ein psychologischer Roman« versieht und damit den Fokus von Beginn an ausschließlich auf das Innere der Hauptfigur lenkt.

Vom Nutzen des Bösen: Kriminalfälle und anthropologisches Interesse

Schillers eigene Erzählprojekte teilen diese poetologischen Grundannahmen, wobei sein Erzählen die Balance zwischen der Darstellung einer rasanten Handlung und der gleichzeitigen Darstellung innerer Motivationen zu wahren versucht. Doch schätzt er die Handlungen und Innerlichkeiten niemals als solche, beispielsweise als individuelle Skurrilitäten, sondern im Blick auf ihre exemplarische, nämlich anthropologische Aussagekraft. Von besonderem Wert sind ihm in diesem Zusammenhang Kriminalfälle, bei denen sich meist eine außerordentliche, Grenzen überschreitende Handlung mit einer starken inneren Bewegung verknüpft. Diesen Punkt hebt er sowohl im theoretischen Vorspann zu seinem 1786 publizierten *Verbrecher aus verlorener Ehre* (NA 16,7–9) hervor, mehr aber noch als Herausgeber in der Vorrede zu den Rechtsfällen des Pitaval, wo er Kriminalprozesse als Verfahren würdigt, »das Innerste der Gedanken« (NA 19/1, 203) zum Vorschein zu bringen.

In den Jahren 1734 bis 1743 hatte der Gerichtschronist Gayot de Pitaval Kriminalfälle nacherzählt, die in Frankreich in 20 Bänden erschienen waren. Für eine vierbändige deutsche Auswahl schreibt Schiller 1792 ein Vorwort mit dem bezeichnenden Titel »Merkwürdige Rechtsfälle als ein Beitrag zur Geschichte der Menschheit« (NA 19/1, 201–203). Die einzelnen Fälle sollen die Leser aber keineswegs aufgrund der geschilderten Absonderlichkeiten und Spannungsmomente interessieren, vielmehr ist Schiller bestrebt, sie in einen größeren Horizont zu rücken, indem er sie als Beispiele menschlicher Verirrungen präsentiert, welche helfen können, die Natur des Menschen insgesamt besser zu verstehen. Damit geht indirekt zugleich eine Aufwertung der Gattung Kriminalerzählung einher: »Man erblickt hier den Menschen in den verwickeltesten Lagen, welche die ganze Erwartung spannen [...]. Triebfedern, welche sich im gewöhnlichen Leben dem Auge des Beobachters verstecken, treten bei solchen Anlässen, wo Leben, Freiheit und Eigenthum auf dem Spiele steht, sichtbarer hervor. [...] so enthüllt uns oft ein Kriminalprozess das Innerste der Gedanken und bringt das versteckteste Gewebe der Bosheit an den Tag.« (NA 19/1, 202 f.) Nicht zuletzt in diesem Begreifen der Bosheit als Extremform der Menschennatur erblickt Schiller einen »wichtige[n] Gewinn für Menschenkenntniss und Menschenbehandlung« (NA 19/1, 203).

Zwei von Schillers Erzählungen verdienen hier besondere Aufmerksamkeit, weil sie sich ausdrücklich als Beiträge zur

Erweiterung der Menschenkenntnis verstehen und weil sie in gattungsgeschichtlicher Perspektive zu den Gründungsdokumenten von modernen Genres zählen. Das betrifft zum einen die Kriminalerzählung *Der Verbrecher aus verlorener Ehre*, die zusammen mit Goethes *Unterhaltungen deutscher Ausgewanderten* zu den Anfängen der deutschen Novellistik gehört, und zum anderen den Fragment gebliebenen Roman *Der Geisterseher*, der einen Meilenstein in der Entwicklung der Schauerliteratur darstellt.

Der Verbrecher aus verlorener Ehre als Theorie und Exempel »zweckmäßiger Bosheit«

Die Darstellung von »zweckmäßiger Bosheit« (NA 22, 146) in anthropologischer und natürlich moralischer Hinsicht kennzeichnet neben Schillers frühen Dramen auch seine Erzählung *Der Verbrecher aus verlorener Ehre*, deren ursprünglicher Titel *Der Verbrecher aus Infamie* lautet. Sie erschien zuerst 1786 in der von Schiller selbst herausgegebenen Zeitschrift *Thalia* und gehört noch in die Tradition der moralischen Erzählungen, wie sie in Frankreich etwa Jean François Marmontels *Contes moraux* von 1755 und in Deutschland die 1778 publizierten *Skizzen* August Gottlieb Meißners repräsentieren. Dabei handelt es sich meist um Beispielerzählungen, die durch Veranschaulichung eines ungewöhnlichen Einzelfalls ein übergreifendes moralisches Gesetz aufzeigen wollen.

Auch Schiller geht es in seiner Erzählung ums Allgemeine, doch nicht auf didaktischem, sondern auf psychologischem Wege. Schiller belehrt nicht, vielmehr zielt seine Darstellungsform auf das Einfühlungsvermögen der Leser, die sich unmittelbar in die Hauptfigur hineindenken und ihre situationsbedingten Entscheidungen nachvollziehen können sollen. Indem Schiller hier die traurige Vorgeschichte eines zum Verbrecher gewordenen Mannes erzählt, der aufgrund fataler Umstände fast zwangsläufig zum Mord getrieben wird, entlastet er diesen Mann zugleich. Denn mehr als der Täter ist die Tat zu verurteilen. Und dieses indirekte Verfahren präsentiert auch kein moralisches Gesetz, wohl aber kann es die Leser dazu führen, die Gesetzlichkeit in sich selbst zu entdecken und als gültig anzuerkennen.

Der von Haus aus arme Protagonist *Christian Wolf*, dessen sprechender Name das Gute und Böse als doppelte Natur des Menschen umfasst, wildert, um zu Geld zu kommen und seine Geliebte beschenken zu können. Aufgrund von Denunziationen des *Jägers* Robert wird er erwischt und bestraft – insgesamt dreimal, mit jeweils härteren Strafen. In signifikanter Umkehr wird nun (der) Wolf aus einem gerechten Rachegefühl heraus selbst zum Jäger und erschießt Robert, wodurch der Übertritt ins Reich des Bösen unwiderruflich vollzogen ist. Es folgt ein Dasein als Anführer einer Räuberbande, bis Wolf, seines Lebens müde, sich schließlich selber stellt. Die höchst moralische Geschichte endet mit der psychologisch motivierten Selbsteinsicht des Protagonisten in seine Verbrechen. Diese Selbsteinsicht verweist nicht nur auf seine ehrliche Reue, sondern dokumentiert am Ende eine letztlich intakte Moralität als Sieg der Vernunft über die Triebe. Das allgemeine Sittengesetz, von dem Schiller meint, dass es jeder in sich selbst vorfindet (NA 20, 142), macht sich gegenüber dem Willen des Einzelnen geltend.

Anthropologie und Reflexion des Erzählens

Wie in Schillers anderen Erzählungen steht am Beginn die Behauptung, es handele sich hier um »eine wahre Geschichte« (NA 16, 7), als habe der Erzähler dem Eigenwert des Erzählten misstraut und müsse durch den Hinweis auf die Authentizität der Geschichte deren Bedeutung erhöhen. Zugleich zeigt sich darin ein Moment der Selbstthematisierung des Erzählens, das Schillers Erzählungen durchgängig prägt. In ihnen wird nicht einfach »naiv erzählt«, da im Prozess des Erzählens jeweils die Bedingungen und Begrenzungen dieses Erzählens als eines künstlichen Ordnungsmechanismus gleichzeitig problematisiert werden; Erzählen und Reflexion des Erzählens sind damit aufs Engste verschränkt.

Im Text begegnet der Leser schon einer ausführlichen Erzählreflexion, bevor die eigentliche Geschichte überhaupt beginnt (NA 16, 7–9). Der Text unterteilt sich also in eine Art theoretische Vorrede mit anschließendem Exempel, kurz: Er unterteilt sich in Theorie und Praxis. Diese Vorrede zeichnet sich durch eine dreiteilige Verbindung von Anthropologie und Poetologie aus. Unter anthropologischen Gesichtspunkten orientiert sich der ausgebildete Mediziner Schiller am Ideal der Naturwissenschaft, welche eine größtmögliche Genauigkeit der Erkenntnis mit der Formulierung von Gesetzmäßigkeiten zu verbinden sucht. Denn zuerst wird der Dichter als »Menschenforscher« (NA 16, 7) mit quasinaturwissenschaftlichem Anspruch vergegenwärtigt, sofern Literatur die Ausdrucksformen des Menschlichen wie Charakter, Leidenschaften und Vorstellungen gleichsam so klassifizieren solle, wie zeitgenössisch Carl von Linné die pflanzlichen Arten klassifiziert hat. Im Hintergrund einer solchen Möglichkeit der Einteilung steht die These von der Entsprechung zwischen physischer und moralischer Welt, die vor allem die französischen Materialisten D'Holbach und La Mettrie um 1750 formuliert haben. Daran anknüpfend wendet sich Schiller explizit gegen die noch immer verbreitete Tendenz, dass »man einer moralischen Erscheinung weniger Aufmerksamkeit [schenkt] als einer physischen« (NA 16, 9). Auf der Textebene selbst wird diese Entsprechung etwa dadurch illustriert, dass die Hauptfigur – wie Franz Moor in den *Räubern* – zunächst von Geburt äußerlich hässlich ist (NA 16, 10), aufgrund dessen aber in logischer Folge dann auch innerlich hässlich, nämlich böse werden muss. Die deformierte Physis deutet auf die mangelnde Sittlichkeit hin.

In einem zweiten Schritt wird einerseits die Notwendigkeit des Geschichtsstudiums hervorgehoben, andererseits der Dichter, ganz wie in der *Poetik* des Aristoteles, in Differenz zum bloßen Geschichtsschreiber gewürdigt. Aristoteles hatte dem Geschichtsschreiber zwar bescheinigt, sich an Fakten, Wirklichkeit und Wahrheit zu halten, und eingeräumt, dass der Dichter auf Fiktion, Möglichkeit und Wahrscheinlichkeit angewiesen sei – doch gerade deshalb führe der Dichter zur Anschauung einer höheren Wahrheit. Bei dieser Unterscheidung setzt auch Schiller an: Der Dichter solle nicht bloß die Tat eines Menschen, also lediglich ein vom Zufall geprägtes äußeres Faktum zeigen, sondern außerdem den individuellen Entwicklungsgang offenlegen; nur dadurch könne die Geschichte im doppelten Sinne für den Leser ein »heilsamer Schrecken« und somit eine »Schule der Bildung« (NA 16, 8) sein, nur dadurch komme der dargestellten Bosheit auch »Zweckmäßigkeit« zu. Die spezifische Leistung der Literatur liegt folglich weniger im Dargestellten als in der Art der Darstellung.

Darauf richtet sich drittens schließlich der unmittelbar poetologische Aspekt der Vorrede, mit dem Schiller das Verhältnis von Autor und Leser entwirft. Der Leser dürfe durch die Darstellung nicht manipuliert und seiner »republikanischen Freiheit« beraubt werden, damit er »selbst zu Gericht« sitzen könne (NA 16, 8). Daher sei eine nüchterne Darstellung erforderlich, die sich ganz der Rekonstruktion innerer Voraussetzungen und Vorgänge widme: »Der Held muss kalt werden wie der Leser, oder, was hier ebenso viel sagt, wir müssen mit ihm bekannt werden, eh er handelt, wir müssen ihn seine Handlung nicht bloß vollbringen, sondern auch wollen sehen. An seinen Gedanken liegt uns unendlich mehr als an seinen Taten [...].« (NA 16, 8–9)

Erst nach Klärung dieser anthropologischen und poetologischen Zielstellungen lässt Schiller seinen Erzähler mit der Geschichte beginnen, wobei die theoretischen Vorgaben nur teilweise eingelöst werden. Erzählt wird in mehrfach wechselnden Perspektiven teils auktorial, teils in der Ichform. Wohl sind dabei die Handlungen der Hauptfigur psychologisch überzeugend motiviert, und die Figur kommt in ihrer Geschichtlichkeit zur Geltung. Doch in poetologischer Hinsicht tut der auktoriale Erzähler alles, um den Leser zu steuern und dessen Urteilsunabhängigkeit zu hintertreiben. Selbstherrlich unterbricht er die Icherzählung, wo sie »nichts Unterrichtendes für den Leser« hat (NA 16, 23), er gibt relevante Dokumente nur »auszugsweise« wieder (NA 16, 24), obgleich dies der behaupteten Authentizität einer »wahren Geschichte« (NA 16, 7) durchaus abträglich sein dürfte, und vor allem bewertet er das Erzählte kontinuierlich und greift damit dem Urteil des Lesers permanent vor. Es findet demnach genau jene »Usurpation des Schriftstellers« (NA 16, 8) statt, die Schiller in der Vorrede scharf kritisiert. Da er sich jedoch immer als Wirkungsästhetiker versteht, möchte er nicht nur Einfluss auf den Leser nehmen und seine Einbildungskraft kontrollieren, sondern förmlich sämtliche Assoziationsräume möglichst genau berechnen.

Zeitroman als Aufklärungskritik:
Der Geisterseher

Schillers unvollendet gebliebener Roman *Der Geisterseher* erschien ab 1787 in mehreren Fortsetzungen in Schillers eigener Zeitschrift *Thalia*, 1789 dann als Buchausgabe. Der Text greift zeitgenössische Themen und Ereignisse am Vorabend der Französischen Revolution auf. Das bis heute riesige Publikumsinteresse, das der Text trotz seines fragmentarischen Charakters auf sich gezogen hat, hängt aber nicht zuletzt mit der Darstellung von Magie, Hellseherei, dynastischen Intrigen, Geheimbünden und Verschwörungen zusammen, also mit Gegenständen, die zur sogenannten Nachtseite der Aufklärung gehören. Denn neben Grundfragen der Aufklärung selbst wie Wahrheit, Perfektibilität und Glückseligkeit verhandelt der Text auch die bekannten Feindbilder wie Schwärmerei, Ignoranz, Beschränktheit und mangelnde Selbstbestimmung. Verhandlung ist dabei durchaus als Prozess zu verstehen, bei dem der Aufklärung durch eine dialektische Erzählform ein Prozess gemacht wird, sofern das Erzählen hier gleichermaßen der Vermittlung von Wissen und der Erzeugung von Scheinhaftigkeit dient. Der Text führt narrativ und diskursiv in die Grundprobleme und Grundbegrifflichkeit der Aufklärung ein, zugleich aber führt er in einem hochkomplexen Prozess des Erzählens von den ausgestellten Selbstverständlichkeiten der Aufklärung wieder weg.

Dieses Erzählen ist freilich nicht nur komplex, sondern auch spannend, ja Schiller zeigt sich hier als ein Meister der Spannung. Die Darstellung ist von einem atemlosen Stil, einem hohen Erzähltempo und einer sich förmlich überstürzenden Handlung geprägt. Zudem nutzt Schiller die Publikationsform des Fortsetzungsromans unmittelbar aus, indem er im Rahmen der Fortsetzungen das Erzählen stets nach einer wichtigen und geheimnisvollen Mitteilung abbricht, um die Geschichte beim nächsten Mal aus immer wieder anderer Perspektive und in unerwarteter Weise fortzuführen. Er entwickelt damit eine Technik, die dem Spannungsprinzip des *cliffhangers* in modernen Filmserien entspricht. Als wichtiges Spannungselement sind schließlich die Briefe im Text zu nennen, da sie hier nicht als authentische Selbstzeugnisse zur Geltung kommen, sondern als Medium des Betrugs und der Intrige. Wie in Schillers Dramen, etwa in *Die Räuber*, *Kabale und Liebe* und *Don Carlos*, werden Briefe präpariert, gefälscht, unterschlagen oder zugespielt. Nicht zuletzt aber geht es auch in diesem Text um den ebenso anregenden wie lehrreichen Charakter des Bösen: »Man wird über die Kühnheit des Zwecks erstaunen, den die Bosheit zu entwerfen und zu verfolgen imstande ist; man wird über die Seltsamkeit der Mittel erstaunen, die sie aufzubieten vermag, um sich dieses Zwecks zu versichern.« (NA 16, 45)

Erzählt wird die Geschichte eines protestantischen Prinzen, der sich zur Karnevalszeit in Venedig aufhält. Er möchte unerkannt bleiben, wird aber in eine kunstvolle Intrige eingesponnen, die sich mit einer dubiosen Erbschaft und der Möglichkeit zur Thronfolge verbindet. Zurückzuführen sind diese psychologisch raffinierten und skrupellosen Machenschaften auf eine katholische Geheimgesellschaft mit einem genialen Magier an der Spitze, dem sogenannten Armenier. Das Ziel der religiös und in einem zweiten Schritt politisch ausgerichteten, auf Geheimwissen beruhenden Intrige besteht darin, den Prinzen innerlich so zu zerrütten und zu verwandeln, dass er zur katholischen Kirche übertritt und bereit ist, sich widerrechtlich die Krone seines Landes anzueignen. Der Text bricht ab mit der Konversion des Prinzen, der finale Akt der politischen Usurpation wird nicht mehr erzählt.

Erzählen als Modus der Aufklärung oder als Modus der Erzeugung von Schein

In formaler Hinsicht handelt es sich um eine Mischung aus Schauergeschichte, Bildungsroman und Detektiverzählung, die vor allem in der romantischen und fantastischen Literatur, etwa bei Achim von Arnim und E. T. A. Hoffmann, große Bedeutung erlangt hat. Während im *Verbrecher aus verlorener Ehre* Theorie und Beispiel noch weitgehend getrennt erscheinen, ist die Erzählreflexion im *Geisterseher* in den Prozess des Erzählens unmittelbar integriert. Schon die äußere Form ist auffällig. Der Text unterteilt sich in »Erstes Buch«, »Zweites Buch« und ein »Philosophisches Gespräch«, in dem Fragen der Moralität erörtert werden und das meist am Ende gedruckt wird, weil es das rasche Abrollen der mitreißenden Handlung stören würde. Dieser Dreiteilung wiederum entspricht grob die dreigliedrige Struktur von Icherzählung, Briefroman und

Dialog. Innerhalb dieser drei Teile wird hochgradig multiperspektivisch erzählt; das Erzählen differenziert sich also immer weiter aus. Im *Verbrecher aus verlorener Ehre* gibt es zwei Erzähler, im *Geisterseher* dagegen mindestens fünf, je nach Zählung sogar sieben. Aber keiner von ihnen erscheint vertrauenswürdig, obwohl auch hier am Beginn die Versicherung steht, es werde die »reine, strenge Wahrheit« berichtet (NA 16, 45). Das Erzählen präsentiert sich demnach zunächst als Modus der Aufklärung über eine Sache oder als eine Vermittlung von Wissen. Bei genauerer Betrachtung jedoch wechselt es seine Funktion und dient zunehmend der Verdunkelung der dargestellten Zusammenhänge. Vom Modus der Aufklärung geht das Erzählen in den Modus der Erzeugung von Schein über.

Der Schein ist das Zentralmoment des Textes; mit Recht hat Max Kommerell Schiller überhaupt als den »Darsteller des Scheins« bezeichnet. Denn hier ist nichts, was es zu sein scheint. Folglich wäre Aufklärung vonnöten, doch gerade diesem Streben nach Aufklärung werden die Grenzen aufgezeigt – nicht zuletzt für die Leser. Auf der unmittelbaren Handlungsebene ist dies bereits durch die Karnevalszeit in Venedig motiviert. Oftmals tragen die Figuren Masken, sie verstellen sich, sie wechseln häufig ihre Identitäten, kurz: Sie verbergen ihr wahres Inneres. Und so wie die Figuren ihre Identitäten wechseln, so wechselt das Erzählen seine Funktion. Kein Name wird vollständig genannt, häufig lediglich durch Sternchen gekennzeichnet. Bis auf Venedig ist kein Schauplatz identifizierbar, und das Jahr der Handlung bleibt unkenntlich. All das wird angedeutet, doch in den entscheidenden Punkten vorenthalten. Bildlich gesprochen ist das Erzählen so maskiert wie die Figuren, die sich um der Intrige, um des Komplotts oder um des Geheimnisses willen verstellen. Unter dieser Voraussetzung lassen sich schließlich auch die Karnevalsmasken als direkte Veräußerlichung des Scheinhaften begreifen.

Vom Erzählen solch »wahrer« Geschichten aber zum Erzählen »wahrer« Geschichte ist es am Ende nur ein kleiner und fast naheliegender Schritt. Dass Schiller beim Ersten fürs Zweite gelernt hat, wird sich zeigen.

Schiller als Historiker

Meine Absicht bei diesem Versuche ist mehr als erreicht,
wenn er einen Theil des lesenden Publikums von der
Möglichkeit überführt, dass eine Geschichte historisch
treu geschrieben seyn kann, ohne darum eine Geduldprobe
für den Leser zu seyn, und wenn er einem andern
das Geständniss abgewinnt, dass die Geschichte von
einer verwandten Kunst etwas borgen kann, ohne
deswegen nothwendig zum Roman zu werden.

Schiller: Geschichte des Abfalls der Vereinigten Niederlande
von der Spanischen Regierung (NA 17, 9)

Schillers Stellung als Historiker

Die Einsicht, dass Schiller auch auf dem Gebiet der Geschichtsschreibung Maßstäbe zu setzen vermochte, hat sich erst in den vergangenen drei Jahrzehnten allgemein durchgesetzt. Dabei waren seine historischen Schriften von den Zeitgenossen äußerst positiv aufgenommen worden und hatten ihm 1789 gar eine Professur an der Universität Jena eingetragen. Doch bedeutende Historiker des 19. Jahrhunderts wie Leopold von Ranke und Johann Gustav Droysen hatten Schillers historische Arbeit stark kritisiert und damit der dauerhaften

Abwertung eines Werksegments Vorschub geleistet, das im Druck immerhin über tausend Seiten umfasst; zudem schien die Sicht auf Schiller als Idealisten nicht vereinbar mit dem nötigen Realitätssinn und den Objektivierungsansprüchen des Historikers. Ranke beispielsweise skizzierte das eigene, von Schiller grundlegend geschiedene Selbstverständnis wie folgt: »Wir unseres Ortes haben einen anderen Begriff von Geschichte. Nackte Wahrheit ohne allen Schmuck; gründliche Erforschung des Einzelnen; das Uebrige Gott befohlen; nur kein Erdichten, auch nicht im Kleinsten, nur kein Hängespinnst.«[1] In neuerer Zeit dagegen würdigt man »Schiller als Diskursbegründer« (Daniel Fulda) am Übergang von herkömmlicher Historiografie zur modernen Geschichtsschreibung. Überdies sind bei aller Differenz in Methode und Stil jüngere Forschungen auf anderen Wegen zu ähnlichen Ergebnissen in der Sache gekommen wie der lange Zeit gescholtene Autor.

Schillers Hinwendung zur Geschichte hat einerseits mit der Einsicht in ihren lehrhaften Charakter zu tun, denn Geschichte zu verstehen heißt, die eigene Zeit besser zu verstehen. Dementsprechend verwahrt er sich gegen Körners »Geringschätzung der Geschichte« (7. Januar 1788; NA 25, 2). In diesem Sinne sind alle historischen Texte Schillers, auch die kleinen Schriften und Vorlesungen, immer im Blick aufs eigene Jahrhundert verfasst, mal als kritische Zeitgeschichte, mal als verdeckte Zeitdiagnose. Dabei kreist seine philosophische Ausdeutung der Geschichte gleichsam um einen Kernsatz: »Die ganze Weltgeschichte ist ein ewig wiederholter Kampf der Herrschsucht und Freiheit.« (NA 17, 39) Versteht man Schiller als »Dichter der Freiheit«, dann überrascht es nicht, dass das Aufsuchen des Freiheitsimpulses in vergangenen Zeiten zu den zentralen Elementen seiner historischen Schriften gehört.

Das Geschichtsverständnis im 18. Jahrhundert – Wendung zur Universalgeschichte

Schillers Gründungsleistung am Beginn der modernen Geschichtswissenschaft, die sich mit seinen Hauptwerken *Geschichte des Abfalls der vereinigten Niederlande von der Spanischen Regierung* und *Geschichte des Dreißigjährigen Krieges* verbindet, ist erstens vor dem Hintergrund zu verstehen, dass es im 18. Jahrhundert noch kein selbstständiges Fach Geschichte gab; Ansätze dazu bildeten sich lediglich an der Universität Göttingen heraus. Geschichte zu betreiben hieß, Reichsrecht, Politik oder Statistik für ein kleines, vornehmlich akademisches Publikum zu betreiben. Es hieß, wie Johann Christoph Gatterer als Kritiker dieser Auffassung formulierte, »das Wesentliche der Historie in einer umständlichen Erzählung der Kriege, Schlachten, Mordgeschichten, fabelhaften Histörchen und dergleichen« zu sehen.[2] Diese Situation änderte sich erst ab etwa 1760 mit der Hinwendung zur Universalgeschichte als Fortschrittsgeschichte der Menschheit. Denn die Universalgeschichte wendet sich jenseits von Fürsten-, Kirchen- oder Nationalinteressen dem Emanzipationsprozess des Menschen als Gattungswesen zu. Auf diese Weise führt sie weg vom Zufälligen des einzelnen, raumzeitlich gebundenen Ereignisses hin zur Vorstellung übergreifender historischer Entwicklungen; sie führt weg von der Spezialhistorie hin zur Allgemeinhistorie und widmet sich der Darstellung großer Weltbegebenheiten. Somit erweist sich die Universalgeschichte immer auch als Methode, die vergangene Welt zur eigenen Gegenwart als End- und Höhepunkt der gattungsgeschichtlichen Entwicklung in unmittelbare Relation zu bringen. Das betont auch Schiller zweimal ausdrücklich: »Das Verhältniss eines historischen Datums zu der *heutigen* Weltverfassung ist es also, worauf gesehen werden muss, um Materialien für die Weltgeschichte zu sammeln.« (NA 17, 371 f.) Nicht die Ereignisse in ihrer Fülle und Vollständigkeit gilt es demnach zu repräsentieren, sondern gleichsam vorsortierte Ereignisse mit einem Erklärungswert für »die *heutige* Gestalt der Welt« (NA 17, 371). Um dafür ein Beispiel zu geben: Wenn das späte 18. Jahrhundert sich wesentlich über den Begriff der Freiheit definiert, wären in universalhistorischer Absicht Begebenheiten darzustellen, die als Vorschein solcher Freiheit aufgefasst werden dürfen. Und genau dieser Impuls prägt Schillers Darstellung des niederländischen Befreiungskampfes gegen die spanische Oberherrschaft aus dem 16. Jahrhundert. An prominenter Stelle, nämlich gleich im ersten Satz der Einleitung heißt es: »Eine der merkwürdigsten Staatsbegebenheiten, die das sechszehnte Jahrhundert zum glänzendsten der Welt gemacht haben, dünkt mir die Gründung der niederländischen Freiheit.« (NA 17, 10)

Johann Christoph Gatterers *Handbuch der Universalgeschichte* (1761) und *August Ludwig Schlözers Vorstellung seiner Universal-Historie* (1772) bilden wichtige Fundamente für diese Art der Perspektivierung. Von unmittelbarem Interesse für Schiller ist außerdem Immanuel Kants Schrift *Idee zu einer allgemeinen Geschichte in weltbürgerlicher Absicht* aus dem Jahr 1784, in der Kant Geschichte als gerichteten Steigerungsprozess beschreibt, innerhalb dessen man sich dem »weltbürgerlichen Zustand« nähere, »worin alle ursprüngliche Anlagen der Menschengattung entwickelt werden«,[3] wobei Selbstbestimmung, Entwicklungsfähigkeit und Vergesellschaftung als anthropologische Komponenten den Grund für diese Entwicklung bereiten.

Universalgeschichte als Fortschrittsgeschichte in diesem Sinne zu schreiben heißt darüber hinaus, den Menschen als geschichtliches Wesen ernst zu nehmen und an das aufklärerische Projekt der unablässigen Verbesserung und Vervollkommnung des Menschen zu glauben, also von seiner Perfektibilität überzeugt zu sein. Der Geschichtsprozess verläuft demnach teleologisch, weil sein Fortschreiten eine kontinuierliche Höherentwicklung des Menschen zur Folge haben soll. Sofern jedoch Geschichte hier als Modus der wachsenden Kultivierung des Menschen erscheint, steht sie in diametralem Gegensatz zum ebenso wirkungsmächtigen Geschichtsbild Rousseaus, der den gleichen Prozess nicht als Aufstieg, sondern gerade als Verfall begreift, in dem der Mensch sich der Natur und seiner selbst entfremdet.

Als zweite Voraussetzung ist die im 18. Jahrhundert vollzogene Herausbildung des »Kollektivsingulars Geschichte« (Reinhart Koselleck) anzuführen: So wie das Nachdenken über die verschiedenen Sprachen allmählich zur Reflexion *der* Sprache geführt hat, so mündet in einem vergleichbaren Prozess die Betrachtung verschiedener Geschichten in die Vorstellung von der Geschichte ein. Entscheidende Bedeutung für dieses Konzept von Geschichte erlangt zudem »das Ende der Naturgeschichte« (Wolf Lepenies), nämlich die Trennung in Gegenstände der Natur und Gegenstände der Geschichte, in das, was der Mensch vorfindet, und in das, was er selber macht und gemacht hat. Insbesondere Giovanni Battista Vico hat zu Beginn des 18. Jahrhunderts für diese Trennung plädiert und hierdurch das Verständnis des Menschen als eines geschichtlichen Wesens grundsätzlich befördert.

Geschichte wird demnach in der Epoche der Aufklärung sowohl als Begriff emphatisch aufgeladen als auch in wachsendem Maße als selbstständiger Bereich etabliert. Schiller ist sich dieser Situation und des insgesamt gestiegenen Wertes der Geschichte bewusst. Eines allerdings scheint ihrer Darstellung zu fehlen, wie er am 7. Januar 1788 seinem Freund Körner mitteilt: nämlich »mit dichterischem Geiste geschrieben« zu sein (NA 25, 2). Genau das aber traut er sich zu, und er ist überzeugt, so in einem weiteren Brief an Körner vom 26. November 1790, dass er »der erste Geschichtschreiber in Deutschland werden kann« (NA 26, 58). Es ist also erneut ein formales Problem, ein Aspekt der Darstellung, den Schiller zum Ausgangspunkt seiner Überlegungen macht. Und erneut scheint die Lösung des Problems in einer Art von Gattungskombinatorik zu liegen, die sich den herkömmlichen Darstellungsformen überlegen zeigt. Denn Geschichtsschreibung erlangt in Schillers Sicht erst dann ein angemessenes Niveau, wenn sie die Potenziale der Literatur als strukturanaloger Erzählkunst für die eigenen Zwecke fruchtbar macht, wenn sie also »von einer verwandten Kunst etwas borgen kann«. Auch als Historiker bewährt sich Schiller in einem eminenten Sinne als Erzähler. Doch genau das wird der Punkt sein, von dem Ranke sich später glaubt absetzen zu müssen: »nur kein Erdichten, auch nicht im Kleinsten«.

Universalgeschichte: Vom Individuum zur Gattung

Fragen nach der Geschichtlichkeit des Menschen und nach der Relevanz der Geschichte für das Verständnis des Menschen rückt Schiller ins Zentrum seiner am 26. und 27. Mai 1789 an der Universität Jena gehaltenen Antrittsvorlesung »Was heißt und zu welchem Ende studiert man Universalgeschichte?«, die im Folgenden ausführlicher betrachtet werden soll, weil sie Schillers Position als Geschichtsdenker am deutlichsten erkennen lässt. Dabei ergeben sich direkte Berührungspunkte zu seiner Auffassung des Geschichtsschreibers in der Vorrede zum *Verbrecher aus verlorener Ehre*, die hier freilich modifiziert und erweitert werden. So wie sich aus dem kriminalistischen Einzelfall etwas lernen lässt, so lässt sich aus der Geschichte als Ganzes etwas lernen. Während er in der Vorrede nur knapp von der Geschichte als »Schule der Bildung« (NA 16, 8) spricht, legt er in der Antrittsvorlesung darauf gleich zu Anfang großen Wert, indem er den alten Topos von der *historia magistra vitae* aktiviert – die Geschichte sei die Lehrmeisterin des Lebens, jedenfalls »das große weite Feld der allgemeinen Geschichte«, auf dem »die ganze moralische Welt« offen zutage liege (NA 17, 359). Der Kriminalfall dient als ein moralisches Exempel, die Geschichte aber entfaltet die gesamte Moralität.

Wenn es die Bestimmung des Menschen ist, »sich als Menschen auszubilden« (NA 17, 360), was bei Schiller nicht nur heißt, dass man als unfertiges Mängelwesen auf die Welt kommt und sich im Horizont der Perfektibilität als Aufgabe begreifen muss, sondern auch, dass man ein freier und ganzer Mensch zu werden hat, dann bedarf es der Befassung mit Geschichte. Unmittelbar an seine Zuhörer gewandt, stellt er fest: »Aber eine Bestimmung theilen Sie alle auf gleiche Weise mit einander, diejenige, welche Sie auf die Welt mitbrachten – sich als Menschen auszubilden – und zu dem Menschen eben redet die Geschichte.« (NA 17, 359 f.) Es ist allein die Universalgeschichte, in Schillers Worten: die allgemeine Geschichte, die dem Menschen als solchem etwas zu sagen hat. Hierin darf man neben einem erkenntnistheoretischen Wert auch einen anthropologischen Wert erblicken. Anders gesagt: Die Geschichte ist der Ort, wo der Mensch seiner selbst im Guten wie im Bösen ansichtig werden und von wo aus er seine eigene Vervollkommnung in Angriff nehmen kann. Umgekehrt zeigt sich freilich auch, dass der Einzelne zu vernachlässigen ist, wo der Fortschritt der Gattung auf dem Spiel steht.

Der Brotgelehrte und der philosophische Kopf: Lob des »Ganzen«

Die Universalgeschichte gibt demnach Antwort auf die großen Fragen der Menschheitsentwicklung, weil sie immer die ganze Welt im Blick hat und mit ihr den ganzen Menschen, wodurch Geschichte als Teil der Anthropologie erscheint. Die Vorstellung vom ganzen Menschen, die Schiller auf jeder seiner Diskursebenen – medizinisch, literarisch, historisch, philosophisch – immer wieder ansteuert, gewinnt als Leitkonzept in der geschichtstheoretischen Antrittsvorlesung weiter an Kontur. Darunter versteht er wie viele seiner Zeitgenossen einerseits die Einheit des Menschen als eines zugleich sinnlichen und vernunftbegabten Wesens, das sich außerdem um eine Balance von Herzens- und Verstandesbildung zu bemühen hat. Andererseits zielt er mit dem Begriff des Ganzen immer auch auf etwas Intaktes, Unversehrtes, Vollständiges, was gerade für sein Verständnis der modernen Welt als einer Welt, in der diese Ganzheit verloren ist, Bedeutung erlangt.

Welcher einzelne Gelehrte wäre indes zur angestrebten

Gesamtschau im Rahmen der Universalgeschichte überhaupt imstande? Wiederum an seine Zuhörer gewandt, umreißt Schiller das sachliche und methodische Problem und betont nochmals das kausale Zulaufen der Geschichte auf die eigene Gegenwart: »Selbst dass wir uns in diesem Augenblick hier zusammen fanden [...] ist das Resultat vielleicht aller vorhergegangenen Weltbegebenheiten.« (NA 17, 368) Doch bereits zuvor hatte der Autor gleichsam mit einem Trick die Problemlösung durch eine berühmte Unterscheidung in Aussicht gestellt – durch die Unterscheidung zwischen dem »Brotgelehrten« und dem »philosophischen Kopf«. Der Brotgelehrte und der philosophische Kopf differieren auf allen Ebenen – im allgemeinen Auftreten, in den Interessen, Arbeitsweisen, Methoden, Potenzialen, Leistungen, vor allem aber in den Ergebnissen. Von Beginn an herrscht kein Zweifel, welchem der beiden akademischen Typen Schillers Sympathien gelten. Der Brotgelehrte ist der bloß fleißige und dogmatische Pedant, eine »Sclavenseele«, die nur auf der Welt ist, um ihre »kleinliche Ruhmsucht« zu befriedigen, die nicht selber denkt, sondern lediglich (überflüssiges) Wissen sammelt und aufhäuft, die vor jeder Neuerung zurückschreckt und die nur »Stückwerk« zu verfertigen vermag (NA 17, 360 f.). Der Brotgelehrte »hat umsonst gelebt, gewacht, gearbeitet; er hat umsonst nach Wahrheit geforscht, wenn sich Wahrheit für ihn nicht in Gold, in Zeitungslob, in Fürstengunst verwandelt.« (NA 17, 361) Der philosophische Kopf dagegen ist ein Meister der Ganzheit und Vollendung: »Wo der Brodgelehrte trennt, vereinigt der philosophische Geist.« (NA 17, 362) In jeder Hinsicht entspricht er den aufklärerischen Idealen. Er denkt selbst, ist neugierig und schafft Ordnung. Er vermag die Dinge zusammenzuführen, die sich seinem Widerpart nur als unübersichtliches Chaos darbieten. Und er achtet das Gebot der Perfektibilität, indem er jederzeit dem »Trieb nach Verbesserung« (NA 17, 362) gehorcht. Seine »edle Ungeduld kann nicht ruhen, bis alle seine Begriffe zu einem harmonischen Ganzen sich geordnet haben« (NA 17, 362). Zum *Ganzen* vorzudringen erscheint als Maß der Dinge. Und nur der blitzgescheite philosophische Kopf kann es offenbar mit der Universalgeschichte aufnehmen: »So würde denn unsre Weltgeschichte nie etwas anders als ein Aggregat von Bruchstücken werden, und nie den Nahmen einer Wissenschaft verdienen. Jezt also kommt ihr der philosophische Verstand zu Hülfe, und indem er diese Bruchstücke durch künstliche Bindungsglieder verkettet, erhebt er das Aggregat zum System, zu einem vernunftmäßig zusammenhängenden Ganzen.« (NA 17, 373)

Dieses für die Neunzigerjahre dann prägende Konzept vom Ganzen, und sei es so »künstlich« wie der Umgang des Autors mit der Sprache, begründet sich folglich einerseits erkenntnistheoretisch, weil nur derjenige, der das Ganze erfasst, überhaupt etwas versteht. Es führt andererseits jedoch auch ethische Implikationen mit sich, sofern das Ganze auch etwas Gutes – oder gar das Gute – zu sein scheint. Das zeigt sich, um dies vorwegzunehmen, nicht nur in Schillers geschichtsphilosophischen Schriften, sondern auch in der Figur Wallensteins, dessen großes Verdienst in den Augen seiner Untergebenen darin besteht, alles zusammenzuhalten und damit *Ganzheit* zu stiften: »Wer hat uns so zusammen geschmiedet, / Dass ihr uns nimmer unterschiedet? / Kein andrer sonst als der Wallenstein!« (NA 8, 42) Und natürlich zehrt es drittens von ästhetischen Ganzheitsvorstellungen, die sich mit dem sinnlich Vollendeten verbinden.

Ganzheit freilich, darüber ist sich Schiller im Klaren,

kommt ohne Künstlichkeit nicht aus. In der Sache gewendet heißt das: Geschichte ist stets Konstruktion von Geschichte, keineswegs etwas auf natürliche Weise Gegebenes.

Kunst und Künstlichkeit der Darstellung

Nach Klärung zentraler Aufgaben der Universalgeschichte tritt Schiller einen Schritt zurück und fragt, was denn Geschichte überhaupt sei. Bei dieser Frage ist er als hoch reflektierter Autor und Medientheoretiker ganz in seinem Element. Geschichte, so lässt sich seine Antwort kurz resümieren, ist der Zusammenhang von Tradition und Sprache, mehr noch, ohne Sprache keine Geschichte – womit sich zugleich noch einmal von anderer Seite die überragende Bedeutung der Sprache für das Denken des 18. Jahrhunderts erweist. »Die ganze Epoche vor *der* Sprache, so folgenreich sie auch für die Welt gewesen, ist für die Weltgeschichte verloren.« (NA 17, 370 f.) Geschichte hat man durch Sprache oder gar nicht. Doch auch nach deren »Erfindung« bestehen weiter Schwierigkeiten, die hauptsächlich auf das Problem der unsicheren medialen Überlieferung zurückzuführen sind. An sprachlichen Formen der Überlieferung unterscheidet Schiller zwischen Medien der Mündlichkeit, der Schriftlichkeit und des Drucks, wobei er deren konstitutiven Einfluss ausdrücklich hervorhebt. Eine Veränderung der Medien zieht, so Schillers äußerst moderne Position, immer Veränderungen der Gegenstände nach sich; die Form der Darstellung – das »Aufschreibesystem« (Friedrich Kittler) – bleibt auch hier dem Dargestellten nicht äußerlich. Pointiert spricht Schiller von Medien, »die verändert werden und verändern« (NA 17, 371). Weder das mündlich Überlieferte noch die schriftlich oder gedruckt vorliegenden Dokumente dürfen als zuverlässig betrachtet werden. Und was nicht verloren oder vernichtet ist, erscheint manipuliert und verunstaltet, weil oftmals persönliche Interessen im Spiel sind. »Wenn wir über eine Begebenheit, die sich heute erst und unter Menschen mit denen wir leben, und in der Stadt die wir bewohnen, ereignet, die Zeugen abhören, und aus ihren widersprechenden Berichten Mühe haben die Wahrheit zu enträthseln: welchen Muth können wir zu Nationen und Zeiten mitbringen, die durch Fremdartigkeit der Sitten weiter als durch ihre Jahrtausende von uns entlegen sind?« (NA 17, 371) Die Quellenlage ist demnach in mehrfachem Sinne kritisch. Daher bedarf es notwendig des »philosophischen Kopfes« zu ihrer Einschätzung sowie zur Verknüpfung des ohnehin nur in Bruchstücken überlieferten Materials. Dass diese Verknüpfung unter solchen Voraussetzungen »künstlich« sein muss, leuchtet unmittelbar ein.

Auf zwei Aspekte jedoch kann der Historiker bei seiner Konstruktion von Geschichte zählen: auf die »Einheit der Naturgesetze und des menschlichen Gemüths« (NA 17, 373). Dieses Moment doppelter Unveränderlichkeit erlaubt ihm als Darstellungsverfahren ein vorsichtiges Analogisieren über die Zeiten hinweg. Während Schiller sonst dem im 18. Jahrhundert verbreiteten analogischen Denken mit großer Skepsis begegnet, weil es überall Ähnlichkeiten zu entdecken meint, wo man mit entsprechendem Scharfsinn gerade auf Unterschiede stößt, scheint es ihm in historischer Hinsicht zumindest teilweise legitim. »Die Methode, nach der Analogie zu schließen, ist, wie überall so auch in der Geschichte ein mächtiges Hülfsmittel: aber sie muss durch einen erheblichen Zweck gerechtfertigt, und mit eben soviel Vorsicht als Beurtheilung in Ausübung gebracht werden.« (NA 17, 373)

Das ist die eine Seite der Darstellung. Die andere besteht darin, den Leser mitzureißen und vielleicht dort, wo die Quellenlage dürftig ist, auf Elemente der Fiktionalisierung zurückzugreifen, insbesondere wo es um die Ausleuchtung innerer Beweggründe der handelnden Akteure geht. Diese Möglichkeit der Psychologisierung hatte sogar Gatterer für zulässig erklärt: »Nur einen einzigen Fall nehme ich aus, wo der Geschichtsschreiber in dem Vortrage dem Dichter allerdings ähnlich werden kan, und es auch ohne Nachteil der historischen Wahrheit sein kan: ich meyne, wenn er handelnde Personen auf die Art redend einführt, wie sie wirklich nicht geredet haben, wie sie aber doch ihrem Character und den Umständen nach hätten reden müssen, wenn sie hätten reden wollen.«[4] Geschichte schreiben heißt, die Verwandtschaft von Poesie und Geschichtsschreibung anzuerkennen und auszunutzen. In diesem Sinne wird nicht dargestellt, »wie es eigentlich gewesen ist« (Leopold von Ranke), sondern eine wirkungsvoll hergerichtete Erzählkonstruktion dargeboten, der man die Wahrheit nicht absprechen kann. Genau diesen Anspruch macht Schiller in der Vorrede zu seinem Buch über den niederländischen Befreiungskampf geltend. Nicht unbedingt darauf, dass er etwas Neues sagt, kommt es ihm an, wohl aber darauf, dass er es auf neue, wahrhaft unerhörte Weise sagt. »Als ich vor einigen Jahren die Geschichte der niederländischen Revolution unter Philipp II. in Watsons vortrefflicher Beschreibung las, fühlte ich mich dadurch in eine Begeisterung gesetzt [...]. Bei genauerer Prüfung glaubte ich zu finden, dass das, was mich in diese Begeisterung gesetzt hatte, nicht sowohl aus dem Buche in mich übergegangen, als vielmehr eine schnelle Wirkung meiner eigenen Vorstellungskraft gewesen war, die dem empfangenen Stoffe gerade die Gestalt gegeben, worin er mich so vorzüglich reizte. Diese Wirkung wünschte ich bleibend zu machen, zu vervielfältigen, zu verstärken.« (NA 17, 7) Diese bleibende Wirkung wäre am Ende aber nichts anderes als ein »Triumph der Darstellung« (NA 21, 14).

Neben dieser einen, auf der Ebene der Darstellung angesiedelten Verbindung von Poesie und Geschichtsschreibung gibt es eine zweite, die aus der Nähe der Gegenstände herrührt. Das gilt vor allem für die beiden großen historiografischen Hauptwerke. Die mehrjährige Auseinandersetzung mit dem Stoff des *Don Carlos* weist den Weg zur *Geschichte des Abfalls der vereinigten Niederlande*, führt also von der Poesie zur Geschichte. Im zweiten Falle geht Schiller umgekehrt von der Geschichte zur Poesie. Erst verfasst er die *Geschichte des Dreißigjährigen Krieges*, später arbeitet er die *Wallenstein-Trilogie* aus, wobei die unterschiedlichen Darstellungsformen zu unterschiedlichen Schwerpunktsetzungen und zum Ausloten verschiedener Aspekte führen.

Prägend für beide Geschichtswerke ist schließlich die Personalisierung der Darstellung (Philipp II., Alba, Egmont beziehungsweise Wallenstein, Gustav Adolf), die nichtsdestoweniger tiefe Einblicke in die Mentalitätsgeschichte der Zeit erlaubt. Während Schiller den niederländischen Befreiungskampf als Revolution sowie als »Denkmal bürgerlicher Stärke« deutet (NA 17, 10), geht es im zweiten Text um die Folgen der Reformation, also ebenfalls um eine Schwellen- und Umbruchsituation. Diese Personalisierung lässt sich auf doppelte Weise begründen. Erstens mit Schillers genereller Vorliebe für große Persönlichkeiten, die auch sein gesamtes dramatisches Schaffen kennzeichnet und nicht zuletzt aus der Überzeugung erwächst, in solchen Persönlichkeiten die treibenden

Kräfte der Geschichte vor sich zu haben. Zweitens aber mit dem Hinweis auf die ästhetische Funktion, dass sich nämlich nichts besser zum Erzählen eignet als die Geschichte einer Person.

Schiller als Theoretiker

Wenn man überlegt, wie viele Wahrheiten als innere Anschauungen längst schon lebendig wirkten, ehe die Philosophie sie demonstrierte, und wie kraftlos öfters die demonstriertesten Wahrheiten für das Gefühl und den Willen bleiben, so erkennt man, wie wichtig es für das praktische Leben ist, diesen Wink der Natur zu befolgen und die Erkenntnisse der Wissenschaft wieder in lebendige Anschauung umzuwandeln.

Schiller: Über die notwendigen Grenzen beim
Gebrauch schöner Formen (NA 21, 16)

Schiller – ein Philosoph?

Mit Blick auf seine theoretischen Schriften wird Schiller abwechselnd als Philosoph, als Ästhetiker und als Theoretiker bezeichnet. Das ist jeweils ebenso richtig, wie es eine Schwierigkeit in der Sache anzeigt. Schiller selbst hat keineswegs das Selbstverständnis eines Philosophen im strengen Sinne ausgebildet, wie bereits die eingangs zitierte Passage bezeugt. Das hängt sowohl mit seiner wiederholten Ablehnung von begrifflicher Strenge zusammen als auch mit der außerordentlichen ästhetischen und rhetorischen Überformung seiner

Reflexionen. Natürlich ist Philosophie nicht an Systematizität gebunden, und natürlich können die Grenzen zur Poesie fließend sein. »Richtige« Philosophen wie Platon, Kierkegaard, Nietzsche oder Wittgenstein liefern dafür selbst die eindrücklichsten und wirkungsmächtigsten Exempel. Doch Schiller hegt einen grundsätzlichen Vorbehalt gegen disziplinäre Alleinvertretungsansprüche. Demgemäß stellt er in der Schrift *Über Anmut und Würde* fest, »dass sich die philosophierende Vernunft weniger Entdeckungen rühmen kann, die der Sinn nicht schon dunkel geahndet und die Poesie nicht geoffenbart hätte« (NA 20, 255). Und was für seine literarischen und historiografischen Werke gilt, zeichnet seine theoretischen Texte im gleichen Maße aus. Immer steht das ästhetische Moment der Darstellung im Vordergrund, von dem das Dargestellte unmittelbar geprägt wird. Schillers scharfes Sensorium für das Problem, dass die Darstellung stets auf das Dargestellte übergreift, dass umgekehrt das Dargestellte nur in der Weise seiner Darstellung überhaupt zur Gegebenheit gelangt und dass es demnach zwar keine von der Darstellung unabhängige Wahrheit geben kann, wohl aber eine Wahrheit der Darstellung, macht sich in jedem einzelnen seiner theoretischen Texte geltend. Es sind vornehmlich Texte zur Ästhetik – immer aber ästhetische Texte.

Sie beschäftigen sich mit Grundproblemen der Ästhetik, in erster Linie mit dem Schönen und Erhabenen als der »doppelten Ästhetik des 18. Jahrhunderts« (Carsten Zelle), in Ansätzen jedoch auch mit einer Art vergleichender Kunstwissenschaft, mit der Frage also, was jede einzelne Kunstform kann und warum sie es kann; warum zum Beispiel der Dichtung manches besser gelingt als der Malerei oder der Musik manches besser als der Dichtung. Sie handeln darüber hinaus von Aspekten poetischer Darstellung, von der Freiheit der Kunst, von Geschichtsphilosophie, Anthropologie, Moralität, Sprachtheorie, Gattungstheorie, von der Aufgabe des Theaters in der bürgerlichen Gesellschaft und von anderem mehr. Die wichtigsten verfasst der Autor in der ersten Hälfte der 1790er-Jahre; zu ihnen zählen *Über den Grund des Vergnügens an tragischen Gegenständen* (1792), *Vom Erhabenen* (1793), *Über das Pathetische* (1793), *Kallias oder Über die Schönheit* (1793 als Briefe an Körner), *Über Anmut und Würde* (1793), *Briefe über die ästhetische Erziehung des Menschen* (1795) sowie *Über naive und sentimentalische Dichtung* (1795/96). Die Zeit ihrer Niederschrift ist für den Autor durch zwei epochale Ereignisse geprägt: zum einen durch seine ausführliche und folgenreiche Auseinandersetzung mit der Philosophie Immanuel Kants, zum anderen durch die politischen Entwicklungen im Rahmen der Französischen Revolution, die mit dem »vollkommensten aller Kunstwerke« befasst sei, nämlich mit dem »Bau einer wahren politischen Freyheit« (NA 20, 311).

Schillers ästhetische Schriften stehen in einem zeitlichen Zusammenhang mit seinen historischen Schriften. Zwischen 1788 und 1794 ersetzen Geschichtsbetrachtung und theoretische Reflexionen die Dichtung fast vollständig; in dieser Zeit publiziert der Autor nahezu kein einziges literarisches Werk. Diese Schriften stehen jedoch auch in einem sachlichen Zusammenhang, weil die ausgiebige Beschäftigung mit der Geschichte und näherhin der »Universalhistorie« einerseits zu den von wachsender Skepsis geprägten geschichtsphilosophischen Entwürfen der Neunzigerjahre führt und andererseits zu einer bis heute bedeutsamen Kulturkritik der Moderne.

Freiheit: Ziel und Zauberwort

Drei große Gebiete bilden sich um 1750 heraus: die moderne Anthropologie, die Geschichtsphilosophie und die Ästhetik. Schiller hat sich nicht nur auf diesen drei Gebieten bewegt und mit seinen Schriften jeweils neue Maßstäbe gesetzt. Vielmehr kann sein Werk, und deshalb soll dieser Aspekt bei der Betrachtung seiner theoretischen Texte im Mittelpunkt stehen, als der paradigmatische Versuch gelesen werden, die anthropologischen, geschichtsphilosophischen und ästhetischen Perspektiven miteinander zu verbinden und ihnen mit dem Begriff der Freiheit einen gemeinsamen Fluchtpunkt zu geben. Das gilt für die Dramen ebenso (insbesondere für *Die Verschwörung des Fiesko zu Genua*, *Don Carlos* und *Wilhelm Tell*) wie für die historischen Schriften und für zentrale Texte zur ästhetischen Theorie. Ganz im Sinne der Aufklärung erscheint Freiheit als Ziel und Ideal. Doch wahre Freiheit begreift Schiller nicht nur als Unabhängigkeit von Zwängen und als Eigenständigkeit (Autonomie), sondern frei ist der Mensch, so Schiller im Anschluss an Kant, erst dann, wenn er sich auf der Grundlage der Vernunft Gesetze geben und sich damit selbst vollständig bestimmen kann. Zwar ist er ein natürliches, triebgesteuertes Geschöpf, aber anhand von Erfahrungen auch ein zum Lernen befähigtes, geschichtliches Wesen, das sich in Auseinandersetzung mit sich selbst und der Welt besser zu begreifen und zu vervollkommnen vermag. Statt folglich bei der Forderung nach Autonomie stehen zu bleiben, setzt Schiller auf *Heautonomie*, das heißt auf *Selbstgesetzgebung*. Diese Freiheit als vernunftgemäße Selbstbestimmung muss sich auf jeder Ebene bewähren: politisch, künstlerisch, individuell; und in dieser Selbstbestimmung liegt am Ende die Bestimmung des Menschen überhaupt.

Gleich die erste relevante Schrift vom Beginn der Neunzigerjahre, die tragödientheoretische Reflexion *Über den Grund des Vergnügens an tragischen Gegenständen*, welcher noch der Text *Über die tragische Kunst* zur Seite zu stellen ist, rückt die Freiheit ins Zentrum der Argumentation. Ausgangspunkt ist die Frage, ob die Kunst »vergnügen« dürfe – oder ob sie damit dem unmoralischen Zweck bloßer Belustigung diene. Schiller zufolge dürfen die schönen Künste selbstverständlich vergnügen, weil sie im Unterschied zum bloß sinnlichen Vergnügen ein »freies Vergnügen« ermöglichen, indem sie Vernunft und Einbildungskraft zugleich, also den ganzen Menschen ansprechen (NA 20, 135). Um dieses Vergnügen zu gewähren, muss die Kunst jedoch selbst frei sein und nur ihren eigenen Regeln und Ansprüchen folgen. Sie darf nicht fremden Interessen und Autoritäten unterworfen sein, weder dem Staat noch der Kirche, noch der Tradition, ebenso wenig wie vorgefassten Moralvorstellungen. Denn in diesen Fällen wäre die Kunst nicht autonom, sondern *heteronom* – fremdbestimmt – und damit schon auf dem Weg ins »Mittelmäßige« (NA 20, 134). Ausschließlich in Freiheit kann sie sich als Kunst vollständig entfalten und gerade auf diese Weise, so Schillers dialektischer Umkehrschluss, ihrer Verpflichtung im Moralischen nachkommen. »Nur indem sie ihre höchste ästhetische Wirkung erfüllt, wird sie einen wohlthätigen Einfluss auf die Sittlichkeit haben; aber nur indem sie ihre völlige Freyheit ausübt, kann sie ihre höchste ästhetische Wirkung erfüllen.« (NA 20, 135) Damit wird die Freiheit zur Bedingung dafür erklärt, dass Kunst überhaupt Kunst sein kann.

Von großer Bedeutung für diese Fundierung der Kunst in

der Freiheit ist zudem das Konzept des Spiels, das Schiller hier bereits kurz anspricht, doch erst in den *Briefen über die ästhetische Erziehung* als Verknüpfung von Anthropologie und Kunsttheorie gründlich ausarbeiten wird. Die vom Autor geforderte »höchste ästhetische Wirkung« der Kunst hängt nämlich direkt davon ab, dass sich die Kunst selbst als Spiel mit eigenen Regeln begreift und sich auch als solches dem Rezipienten darbietet (NA 20, 135). Diese dreigliedrige Begriffskonstellation von Kunst, Spiel und Freiheit wird fortan zum Kernbestand von Schillers ästhetischen Reflexionen gehören.

Freiheit zählt freilich nicht nur zu den sozialen Voraussetzungen der Kunst, sondern auch zu den vornehmsten Gegenständen der Darstellung selbst. Indem sie Beispiele für freies Handeln und Verhalten von einzelnen Menschen zeigt, bekundet sie ihre »moralische Zweckmäßigkeit« (NA 20, 139). Hiermit ist man beim Titel des Aufsatzes angelangt: Warum vergnügen uns Tragödien? Warum sehen wir mit Lust Trauerspiele, in denen Figuren leiden oder gar den Tod finden? Weil sie, so Schillers Antwort, moralische Zweckmäßigkeit darstellen. Tragödien veranschaulichen, dass sich der Einzelne um eines höheren Sittengesetzes willen, das er in sich selbst vorfindet, opfern kann (NA 20, 142 f.). Sie zeigen, wie der Mensch im Namen höherer Werte von sich selber abzusehen und sich über die Verhältnisse, in denen er gefangen ist, zu erheben vermag. Nicht die Darstellung des Leidens oder der Tragik eines Schicksals bereitet dem Zuschauer Vergnügen, sondern die vorgeführte Überlegenheit des moralischen Bewusstseins trotz des Leidens. Das Vergnügen des Zuschauers an einer intakten Moralität macht dieses Vergnügen selbst zum »Mittel zur Sittlichkeit«. Dafür gibt Schiller ein prägnantes Beispiel: »Tritt also ein Fall ein, wo die Hingebung des Lebens ein Mittel zur Sittlichkeit wird, so muss das Leben der Sittlichkeit nachstehen. ›Es ist nicht nöthig, dass ich lebe, aber es ist nöthig, dass ich Rom vor dem Hunger schütze‹, sagt der große Pompejus, da er nach Afrika schiffen soll, und seine Freunde ihm anliegen, seine Abfahrt zu verschieben, biss der Seesturm vorüber sey.« (NA 20, 141) In solcher seelischen Größe als innerer Erhabenheit besteht der unmittelbare Ausdruck der Freiheit unserer Vernunft.

Frei soll sich die Kunst entfalten können, damit sie freies Vergnügen stiftet, das sich angesichts eines vernunftgemäßen, frei handelnden Bewusstseins einstellt. In den *Kallias-Briefen* formuliert Schiller mit der »Freiheit der Darstellung« (NA 26, 222) allerdings noch eine weitere Bedingung. Der Künstler soll von äußeren Zwängen frei sein und allein den Anforderungen seiner Kunst gehorchen. Auf dreifache Weise muss er jedoch auch selbst der Freiheit im Schaffensprozess den Weg bahnen. Was heißt das? Er darf sich erstens nicht von dem Stoff beherrschen lassen, den er sich gewählt hat, sondern muss frei darüber verfügen, indem er zum Beispiel, wie der Autor in *Fiesko* und *Don Carlos*, historische Fakten ändert und alles der inneren Logik der Darstellung unterwirft. Er darf sich zweitens nicht als Person in sein Werk einmischen oder sich dort zu erkennen geben, wie es Bürger in seinen Gedichten getan hat.[1] Und er darf sich drittens nicht von dem Medium, in dem er etwas darstellt, dominieren lassen; ein Dichter, da er mit Sprache arbeitet, muss deshalb deren Tendenz zum Allgemeinen zu unterdrücken versuchen. Sind diese drei Bedingungen erfüllt, dann hat die Form den Stoff »völlig besiegt« (NA 26, 224). Erst »wenn nichts durch den Stoff, sondern alles durch die Form ist« (NA 26, 225), wenn demnach alles »in reine Form verwandelt« (NA 26, 227) worden ist, kann die Darstellung »frei« genannt werden (NA 26, 225). Notwendig erscheint die freie Darstellung, um das Kunstwerk von allem Zufälligen und Subjektiven zu befreien, es dadurch in den Status »reiner Objektivität« zu erheben und ihm Allgemeingültigkeit zu verleihen. In dieser »reinen Objektivität« besteht für Schiller »der höchste Grundsatz der Künste« (NA 26, 225). Mit den hier entwickelten Kriterien von Stoff, Person und Medium lassen sich zudem erhebliche Unterschiede in den künstlerischen Niveaus erklären: »Der große Künstler [...] zeigt uns den Gegenstand (seine Darstellung hat reine Objektivität) der mittelmäßige zeigt sich selbst (seine Darstellung hat Subjektivität) der schlechte seinen Stoff (die Darstellung wird durch die Natur des Mediums und durch die Schranken des Künstlers bestimmt).« (NA 26, 226)

Die Freiheit der Kunst wird demnach von Schiller in einer allumfassenden Weise verstanden. Sie muss sich erstens in den sozialen Voraussetzungen der Kunst als *Unabhängigkeit von fremden Autoritäten* zeigen; sie muss sich zweitens bei der Hervorbringung des einzelnen Kunstwerks als *freie Darstellung* realisieren; sie muss sich drittens in der Veranschaulichung eines *freien Bewusstseins* wieder finden; und sie muss sich viertens im Rezeptionsprozess als *freies Vergnügen* einstellen.

Kulturkritik der Moderne – Verlust der Ganzheit

Den Diskurs über die Freiheit setzt Schiller in seinem wichtigsten und einflussreichsten theoretischen Text selbstverständlich fort. Die parallel zur internen Terrorisierung der Französischen Revolution entstandenen *Briefe über die ästheti-*

sche Erziehung des Menschen suchen dem Verhältnis von Kunstfreiheit, politischer Freiheit und der Freiheit des Individuums weiter auf den Grund zu gehen und im Zuge dessen den Beitrag der Kunst zur Ausbildung von Humanität sowie zur Vervollkommnung des Menschen in geschichtsphilosophischer und anthropologischer Hinsicht zu bestimmen. Sie können damit förmlich als theoretischer Gegenentwurf zur Französischen Revolution aufgefasst werden.

Zentral für das Verständnis des Textes ist zunächst die seit den *Göttern Griechenlandes* prägende Opposition von antiker und moderner Welt. Die griechische Antike stand im Zeichen der Totalität. Hier erfuhr sich der Mensch noch als Teil der Natur und als ganzer Mensch, hier begegnet einem das Muster der Ganzheit: »Zugleich voll Form und voll Fülle, zugleich philosophierend und bildend, zugleich zart und energisch sehen wir [die Griechen] die Jugend der Phantasie mit der Männlichkeit der Vernunft in einer herrlichen Menschheit vereinigen.« (NA 20, 321)

In der Moderne dagegen ist der Mensch aus der Einheit mit der Natur herausgefallen. Statt seine Kräfte zu bündeln, hat er sie vereinzelt und getrennt. Hier Verstand und Abstraktionsvermögen, dort Einbildungskraft, Intuition und Gefühl. Diese Vermögen kooperieren nicht mehr, sondern bekämpfen sich gegenseitig und hindern den Menschen daran, sich als ganz und heil zu erfahren. Folglich leidet er unter der »Zerstückelung [seines] Wesens« (NA 20, 326) und nimmt aufgrund der zunehmenden Spezialisierung und Ausdifferenzierung der modernen Lebenswelt auch nur noch Bruchstücke wahr. Alles teilt sich, trennt sich, fällt auseinander. »Ewig nur an ein einzelnes kleines Bruchstück des Ganzen gefesselt, bildet sich der Mensch selbst nur als Bruchstück aus, ewig nur das eintönige Geräusch des Rades, das er umtreibt, im Ohre, entwickelt er nie die Harmonie seines Wesens, und anstatt die Menschheit in seiner Natur auszuprägen, wird er bloß zu einem Abdruck seines Geschäfts, seiner Wissenschaft.« (NA 20, 323) Die Moderne steht daher im Zeichen der Fragmentierung und Entfremdung: Der Mensch erfährt sich nicht mehr als ganzer Mensch, und er hat sich der Natur und sich selbst entfremdet. Die Dialektik der Aufklärung besteht darin, dass das im Grunde wünschenswerte Ziel der Kultur – die Vervollkommnung des Menschen durch die Vernunft – das Band mit der Natur zerrissen hat, weil Kunst und Gelehrsamkeit den inneren Menschen zerrütten und ihn von sich wegführen.

Mit dieser Auffassung liegt Schiller zunächst noch ganz auf der kulturkritischen Linie Rousseaus, der die Menschheitsentwicklung als Verfallsgeschichte begreift: Am Ursprung sei der Mensch noch natürlich, groß, heldenhaft und authentisch gewesen, der Prozess der Zivilisation habe ihn aber deformiert, verkleinert, verweichlicht und in ein künstliches Wesen verwandelt. Schiller baut diese Argumentation aus, indem er nach den konkreten Gründen fragt, aber im Unterschied zu Rousseau auch eine Lösung des Problems anzubieten versucht.

Bevor er diese Lösung präsentiert, macht er jedoch noch auf eine andere Form der Dialektik aufmerksam. Zwar vermöge der einzelne Mensch sich nicht mehr als vollständig, heil und naturverbunden zu begreifen, weil er von seinen Pflichten aufgefressen und durch permanent wechselnde Rollen an sich selber irrewerde, aber als Gattung sei die Menschheit trotzdem vorangekommen. Das heißt: Die individuelle Entfremdung erscheint in Schillers Sicht geradezu als Bedingung des allgemeinen Fortschritts, denn der Weg zur Fragmentierung des Einzelnen sei zugleich der Weg der Menschheit als Gat-

tung »zur Wahrheit« (NA 20, 327). Daher ist seine geschichtsphilosophische Konstruktion im Gegensatz zu derjenigen
Rousseaus nicht verfallsgeschichtlich zugeschnitten – vielmehr gibt sie zu gleichen Teilen den Blick frei auf Verlust und
Gewinn im Geschichtsprozess.

Spiel: Selbstsein und Ganzheit

Worin besteht nun die Lösung des Problems? Wie kann die
verloren gegangene Totalität zurückgewonnen werden? Schillers Antwort lautet: »durch eine höhere Kunst« (NA 20, 328).
Diese höhere Kunst hängt aufs Engste mit dem Spieltrieb des
Menschen zusammen.

Aufgrund der Spannung zwischen Pflicht und Neigung ist
der Mensch auch jenseits aller Zeitdiagnosen prinzipiell un-
eins mit sich. Entweder beherrschen seine Gefühle die Vernunft – dann ist er ein »Wilder« (NA 20, 318) –, oder seine
Vernunft zerstört die Gefühle – dann ist er, so Schillers ratio-
nalismuskritische Pointe, ein »Barbar« (NA 20, 318). Als dritte
Möglichkeit jedoch gibt es den »gebildeten Menschen«, der
dem Ideal der Ganzheit entspricht, weil er Vernunft und Gefühle im Gleichgewicht hält, weil er also über Verstandesbildung und Herzensbildung zugleich verfügt; er »macht die
Natur zu seinem Freund, und ehrt ihre Freyheit, indem er
bloß ihre Willkühr zügelt« (NA 20, 318). Doch wie wird man
ein dergestalt gebildeter Mensch? Jedenfalls, so Schiller, nicht
durch die Anhäufung von Wissen, Kenntnissen und Fähigkeiten, sondern indem diese Kenntnisse und Fähigkeiten sich auf
die Charakterbildung auswirken.

Im Gang der weiteren Argumentation ersetzt Schiller das

Gegensatzpaar von Gefühl und Vernunft, von Neigung und Pflicht, durch die Unterscheidung von »sinnlichem Trieb« beziehungsweise »Stofftrieb« einerseits und »Formtrieb« andererseits (NA 20, 343 ff.). Diese beiden oftmals miteinander streitenden Triebe vermag nun der auf das Schöne gerichtete Spieltrieb des Menschen zu vereinigen und in Balance zu bringen (NA 20, 353 f.). Mit dem Schönen teilt das Spiel die Eigenschaft, dass es sich »in einer glücklichen Mitte zwischen dem Gesetz und Bedürfniss befindet« (NA 20, 357). Im Modus des Als-ob ist das Spiel frei und leicht und doch von Regeln bestimmt; mitspielen kann nur, wer sich freiwillig an die Regeln hält. Im Spiel erfährt sich der Mensch als Sinnen- und Vernunftwesen zugleich. Weil im Spiel die Regeln Spaß machen, kann es Stofftrieb und Formtrieb versöhnen. Und diese Versöhnungsleistung lädt Schiller dann mit einem berühmten Chiasmus anthropologisch auf: »Denn, um es endlich auf einmal herauszusagen, der Mensch spielt nur, wo er in voller Bedeutung des Worts Mensch ist, und er ist nur da ganz Mensch, wo er spielt.« (NA 20, 359) Dieser Satz, so ist der Autor überzeugt, wird »das ganze Gebäude der ästhetischen Kunst und der noch schwürigern Lebenskunst tragen« (NA 20, 359). Im Zentrum jener »höheren Kunst«, die den Menschen zur Ganzheit zurückführen soll, befindet sich also ein Konzept des Spiels, das mit Begriffen wie Schönheit und Kunst korreliert ist, ja diese drei Begriffe können teilweise synonym verstanden werden. Das heißt aber auch, dass das ästhetische Prinzip des Spiels von aller Empirie des Spiels getrennt wird (Stefan Matuschek).

So wie der Spieltrieb zur Harmonie von Stoff- und Formtrieb führt, so führen Spiel und das Anschauen von Schönheit in einen »mittleren Zustand« zwischen Denken und Empfinden (NA 20, 366), demnach in einen »dritten Zustand« (NA 20, 366), der schließlich von Schiller als »ästhetischer Zustand« identifiziert wird. Erst in diesem mittleren als dem ästhetischen Zustand aber erfährt sich der Mensch wieder als frei: »Diese mittlere Stimmung, in welcher das Gemüth weder physisch noch moralisch genöthigt, und doch auf beyde Art thätig ist, verdient vorzugsweise eine freye Stimmung zu heißen, und wenn man den Zustand sinnlicher Bestimmung den physischen, den Zustand vernünftiger Bestimmung aber den logischen und moralischen nennt, so muss man diesen Zustand der realen und aktiven Bestimmbarkeit den *ästhetischen* heißen.« (NA 20, 375)

Weil Denken und Empfinden im ästhetischen Zustand im Gleichgewicht sind, kann der Mensch jetzt aus sich machen, was er will: Das ist wahre Heautonomie (Selbstgesetzgebung). Und der ästhetische Zustand, wenn er sich als umfassende ästhetische Kultur darstellt, gibt dem Menschen die Freiheit zurück, zu sein, »was er seyn soll« (NA 20, 378). Hier, so die hoffnungsfrohe Konstruktion, sind alle Trennungen aufgehoben und die einzelnen Kräfte wieder versöhnt. Hier ist der Mensch wieder ganz und frei.

Dialektik: Oppositionen und Triaden

Die *Briefe über die ästhetische Erziehung des Menschen* sind nicht nur Schillers umfangreichster und wichtigster theoretischer Text – sie sind zugleich ein Musterbeispiel für die im Sprachkapitel erläuterte ungeheure Elastizität und Variabilität seiner Begriffsverwendungen. Der Autor erscheint förmlich als Magier, der immer wieder neue Begriffe aus dem Hut zaubert,

Zusammengehöriges trennt und anders zusammensetzt, der Begriffe mehrfach durch andere Begriffe ersetzt, der sie prägt und in dialektischen Volten umprägt, damit etwas Neues, Ungewohntes sichtbar werde. Sofern Philosophie auch als Arbeit am Begriff verstanden werden darf, erweist sich Schiller durch sein Darstellungsverfahren als Philosoph. Das zu sehen bedeutet in seinem Sinne, »darstellend denken« zu können (NA 21, 14), also die Form der Darstellung als unverzichtbares Argument im Rahmen des Gesagten zu begreifen.

Seine Reflexionen sind von Dialektik und Prozessualität gekennzeichnet, vom Aufbau und Durchspielen binärer Oppositionen, von argumentativen Dichotomien und Trichotomien, von prähegelianischer These, Antithese und Synthese: der Einzelne und die Gattung, das Teil und das Ganze, Gefühl und Verstand, Einbildungskraft und Abstraktion, Antike und Moderne, Natur und Kunst, Lebendiges und Mechanisches; Wilder – Barbar – gebildeter Mensch; Stofftrieb – Formtrieb – Spieltrieb; physischer Zustand – moralischer Zustand – ästhetischer Zustand etc. Solche Begriffskonstellationen werden in den Texten zunächst etabliert und immer wieder in ein neues Licht gerückt. Hier zeigt sich aufs Deutlichste das bereits erörterte Verfahren eines Philosophierens als rhetorische Formalisierung und Schematisierung.

Antike und Moderne, Naives und Sentimentalisches

Dieses Verfahren findet sich auch in der zweiten großen und nicht leicht zu verstehenden Schrift *über naive und sentimentalische Dichtung*, einem Text, der bereits wieder als »Brücke zu der poetischen production« (12. September 1794 an Körner, NA 27, 46) gilt. Darin unternimmt Schiller den Versuch einer Ortsbestimmung der Moderne am Ende des 18. Jahrhunderts, indem er die Möglichkeiten und Grenzen der Literatur sowohl in Auseinandersetzung mit dem *Phänomen Goethe* als auch mit der Antike auslotet. Im Zuge dessen entsteht, namentlich im zweiten Teil der Ausführungen, eine Art Literaturgeschichte.

Seine Begegnung mit Goethe am 20. Juli 1794 in Jena veranlasst ihn zu einer Vergegenwärtigung ihrer verschiedenen geistigen Physiognomien, die er in einem Brief an Goethe vom 23. August 1794 festhält. Für Goethe seien die wesentlichen Stichworte Intuition, Einbildungskraft und Anschauung, für Schiller hingegen Abstraktion, Analyse und Reflexion; Goethe erscheint als das naive Genie, dem alles zufällt, Schiller als der spekulative, sentimentalische Kopf; Goethe als anachronistischer Repräsentant einer vergangenen Zeit, Schiller als Verkörperung des Modernen.

Diese Kennzeichnung zweier ins Exemplarische gewendeten Charaktertypen arbeitet Schiller in seiner Schrift zu einem Modell des Naiven und Sentimentalischen aus. Dabei ist die Entgegensetzung der beiden Begriffe sowohl historisch als auch typologisch auf mehreren Ebenen zu verstehen. Sie bezeichnen Differenzen in den Darstellungsformen sowie in den Denk- und Dichtungsarten und erlauben somit eine Einteilung nach »alten« naiven und »neuen« sentimentalischen Dichtern. »Jene rühren uns durch Natur, durch sinnliche Wahrheit, durch lebendige Gegenwart; diese rühren uns durch Ideen.« (NA 20, 438) Im Rahmen der modellhaften Konstruktion kommt es zu einem neuerlichen Durchspielen bekannter Begriffe und Begriffspaare aus verändertem Blickwinkel: Natur, Kultur, Kunst, Freiheit, Spiel, Vernunft, Ganzheit, Fragmentierung,

Antike und Moderne. Den Ausgangspunkt von Schillers Überlegungen bildet der Naturbegriff. Während in den *Briefen über
die ästhetische Erziehung* die Rückeroberung von Ganzheit im
Mittelpunkt steht, ist es hier die Natur, die zurückgewonnen
werden soll. Denn Natur ist das, was die Modernen verloren
haben und auf dem Wege der Vernunft und Freiheit wieder-
herstellen sollen. Auch in diesem Fall bevorzugt Schiller ein
Dreierschema, mit der Einheit der Natur am Ursprung, der
Trennung durch wachsende Reflexion im Prozess der Zivilisation und der finalen Rückkehr zu höherer Einheit im Ideal.

Am Beispiel des Naturverhältnisses wird der Unterschied
zwischen den alten Griechen und den Modernen noch einmal scharf markiert: »Sie empfanden natürlich; wir empfinden das natürliche. [...] Unser Gefühl für Natur gleicht der
Empfindung des Kranken für die Gesundheit.« (NA 20, 431)
Genau an diesem Punkt geht die Moderne-Diagnose in Poetologie über. Richtet sich nämlich alles Interesse auf die Natur,
muss dem Dichter als dem »Bewahrer der Natur« (NA 20, 432)
die zentrale Aufgabe zugewiesen sein. Doch auch die Dichter
können in zwei verschiedenen Verhältnissen zur Natur stehen,
entweder naiv oder sentimentalisch. Die Dichter »werden
entweder Natur seyn, oder sie werden die verlorene suchen.
Daraus entspringen zwei ganz verschiedene Dichtungswei-
sen, durch welche das ganze Gebiet der Poesie erschöpft und
ausgemessen wird. Alle Dichter, die es wirklich sind, werden
[...] entweder zu den naiven oder zu den sentimentalischen gehören.« (NA 20, 432) Zu den naiven Dichtern zählen Homer,
Shakespeare und Goethe, zu den sentimentalischen Schiller
selbst.

An diese Unterteilung knüpft der Autor im zweiten, wesentlich längeren Teil weitreichende Betrachtungen einerseits

zur Gattungstheorie (NA 20, 440 ff.), zum Verhältnis von Satire, Elegie und Idylle, verstanden als spezifische »Empfindungsweisen« (NA 20, 449), die sich dann wiederum als Roman, Tragödie, Gedicht u. a. realisieren können. Dabei wird der moderne, sentimentalische Dichter hauptsächlich satirisch oder elegisch empfinden. Andererseits befasst er sich vornehmlich mit der deutschen Literaturgeschichte des 18. Jahrhunderts, mit Klopstock, Ewald von Kleist, Haller und nicht zuletzt mit Goethe.

Bald nach dieser großen theoretischen Schrift wird er seine »philosophische Bude« (17. Dezember 1795 an Goethe, NA 28, 132) auf Jahre hinaus schließen. Des Theoretisierens weithin müde, wendet er sich der Dichtung als seiner eigentlichen Berufung zu. Fortan spielt er wieder selbst »das Spiel, was die Poesie immer seyn soll« (NA 20, 442).

Schiller als Dramatiker II: Die klassischen Dramen

Wallenstein, Maria Stuart, Die Jungfrau von Orleans, Die Braut von Messina, Wilhelm Tell

Aus so krummem Holze, als woraus der Mensch gemacht ist, kann nichts ganz Gerades gezimmert werden.

Immanuel Kant: Idee zu einer allgemeinen Geschichte in weltbürgerlicher Absicht (1784)

Klassizität oder Individualisierung?

Nach Abschluss des großen Theorie-Komplexes Mitte der Neunzigerjahre wendet sich Schiller wieder der Gattung des Dramas zu. Bis zu seinem Tod im Jahr 1805 entstehen die fünf sogenannten klassischen Dramen Schillers: die *Wallenstein-Trilogie* (1800), *Maria Stuart* (1801), *Die Jungfrau von Orleans* (1801), *Die Braut von Messina* (1803) und *Wilhelm Tell* (1804). Als »klassisch« können diese Werke in mehrerer Hinsicht aufgefasst werden. Einmal epochengeschichtlich, weil sie in die Periode der engen Zusammenarbeit zwischen Goethe und Schiller von 1794 bis 1805 fallen und maßgeblich zur Deutung dieser Phase als kultureller Blütezeit Deutschlands – als *Weimarer Klassik* –

beigetragen haben. Im Blick auf den Wertungsaspekt lässt sich zum Zweiten darunter ihre Musterhaftigkeit und normbildende Kraft verstehen; klassisch heißt hier demnach kanonisch. Damit sind jene Werke gemeint, die das kollektive Gedächtnis aufgrund ihrer vollendeten Gestalt für überlieferungswürdig hält. Drittens schließlich kann der Begriff auf ein bestimmtes Kunst- beziehungsweise Stilverständnis zielen, im späten 18. Jahrhundert zum Beispiel darauf, dass ein Kunstwerk eine einheitliche und geschlossene Form aufzuweisen habe, von einer Harmonie der Proportionen bestimmt und dem Ideal der Humanität verpflichtet sein müsse. Verknüpft man »klassisch« auf diese Weise mit der Verdichtung von typischen formalen Merkmalen, ja womöglich gar mit einer gewissen Erstarrung der Form, aktiviert man die deskriptive Funktion des Begriffs, die freilich häufig mit Wertungsmomenten einhergeht. Die Rede vom »Klassischen« muss folglich diese terminologische Dreigliedrigkeit von Epochenbegriff, Wertungsbegriff und deskriptivem Begriff im Auge behalten.

Richtet man unter diesen Voraussetzungen die Aufmerksamkeit auf Schillers späte Dramen, dann leuchten zwar die ersten beiden Begriffsverwendungen von »klassisch« unmittelbar ein, doch das deskriptive Erschließungspotenzial, sofern es der formalen Typisierung von »Klassizität« gilt, ist nicht so leicht zu entdecken. Denn diese Texte zeichnen sich durch eine außerordentliche Variabilität und Individualität der Formen aus. Das veranschaulichen bereits die Untertitel der fünf Dramen, die jeweils Gattungsbezeichnungen enthalten. Die im Jahr 1800 vollständig publizierte Trilogie *Wallenstein* nennt Schiller *Ein dramatisches Gedicht*; ein Jahr darauf erscheint *Maria Stuart. Ein Trauerspiel*; *Die Jungfrau von Orleans* wiederum, im selben Jahr veröffentlicht, wird als *Eine romantische Tragödie* näher spezifiziert. Im Jahr 1803 folgt das Drama mit dem Doppeltitel *Die Braut von Messina oder Die feindlichen Brüder*, das nicht einfach als Trauerspiel ausgewiesen wird, sondern als *Ein Trauerspiel mit Chören*. Und das letzte, 1804 abgeschlossene Stück Schillers, *Wilhelm Tell*, heißt schlicht *Schauspiel*. Leser und Theaterzuschauer haben es demnach bei fünf verschiedenen Dramen auch mit fünf verschiedenen Zugriffen und Gattungscharakteristiken zu tun und nicht etwa, wie es der Begriff des Klassischen womöglich unterstellen könnte, mit fünf Theaterstücken der gleichen »Machart«.

Individualisierung durch Beweglichkeit

Es ist demnach nicht eine als »klassisch« aufgefasste Form, die Schiller hier jeweils realisiert, sondern umgekehrt sind es die verschiedenen Gegenstände, die eine je eigene Form beanspruchen, oder anders gesagt: Der immer individuelle Gegenstand bedarf auch immer der individuellen Form. Gerade diese hochgradig kanonischen Werke bezeugen das ungeheure Formbewusstsein des Autors, das keineswegs als Selbstzweck im Sinne einer Verdinglichung der Form missverstanden werden darf. Die Individualisierung der Formen erwächst aus einem Ethos der Angemessenheit; mit einem Begriff der Rhetorik gesagt: Sie erwächst aus dem Wissen um das nötige *aptum*. Denn die Form der Darstellung kann einen Gegenstand entweder verdecken und zerstören oder aber ihn in seinem Sosein tatsächlich zum Vorschein bringen. Und auf diese adäquate, »passgenaue« Repräsentation kommt es Schiller an. Die für ihn so charakteristische Tendenz der Formalisierung steht hier ganz im Dienste der Individualisierung.

Während der Arbeit an der *Jungfrau von Orleans* geht er darauf ausdrücklich ein. Am 26. Juli 1800 heißt es in einem Brief an Goethe, man müsse »sich durch keinen allgemeinen Begriff feßeln, sondern es wagen, bei einem neuen Stoff die Form neu zu erfinden, und sich den Gattungsbegriff immer beweglich erhalten« (NA 30, 176). Zwei Aspekte stehen in diesem Zitat klar im Vordergrund: die Individualisierung und die Beweglichkeit, ja die Individualisierung durch Beweglichkeit, womit eine wesentliche Denkfigur des französischen Materialismus aufgerufen ist. Denn es gehörte zu den Grundannahmen von D'Holbach und La Mettrie, dass »jedes Ding« sich auf seine eigene Art bewege, dass es »also ihm eigentümliche Bewegungsgesetze« hat[1] und dass man es im Gegenzug daran erkennen kann.

An diesem Punkt zeigt sich die große Nähe von Schillers Gattungstheorie zu seiner Sprachtheorie. In beiden Bereichen handelt es sich offensichtlich um dasselbe Problem: Wie vermag das Allgemeine das Individuelle darzustellen? Denn was für die Wörter gilt – nach Schiller ja die kleinsten Gattungseinheiten –, das gilt auch für die großen Gattungseinheiten wie Epik, Dramatik und Lyrik. Sie müssen als allgemeine Formen die Darstellung des Individuellen leisten. Dabei soll man sich, wie Schiller gegenüber Goethe hervorhebt, »durch keinen allgemeinen Begriff feßeln« lassen. Wie bereits zu sehen war, hatte Schiller im Falle der Sprache als Lösung die »künstliche Zusammensetzung des Allgemeinen« gefordert, eine *ars combinatoria* der Sprache, durch welche die Wörter, die immer das Allgemeine bezeichnen, dazu gebracht werden, dennoch etwas Individuelles darzustellen. Ein analoges Modell verfolgt Schiller auch bei den gattungspoetischen Reflexionen und Praktiken. Beweglichkeit ist dabei das entscheidende Kriterium. So wie Schiller die Wörter als kleine Gattungsbegriffe flexibel und gezielt mehrdeutig handhabt, so hält er sich ganz selbstverständlich auch die großen Gattungsbegriffe »immer beweglich«; ein »Trauerspiel« beispielsweise kann demnach von Fall zu Fall jeweils etwas ganz anderes sein. Und während die Sprache durch Kombinationskunst zum Individuellen durchdringt, so erreicht die Poesie ein analoges Ziel der Individualisierung des Gegenstandes durch Gattungsmischung, eine Vorstellung, mit der Schiller nah an das frühromantische Konzept der »Universalpoesie« heranrückt, bei der möglichst alle Gattungen miteinander verbunden werden sollen.

Das Konzept der Gattungsmischung

Im Kontrast allerdings zum frühromantischen Postulat einiger seiner Zeitgenossen, die Poetisierung der Poesie über eine fortgesetzte Gattungsmischung voranzutreiben und sie damit zu entgrenzen, zielt Schiller auf die Individualisierung der Formen durch ihre Flexibilisierung: Das Individuelle zeigt sich im Beweglichen der Gattungsmischung, wie sich umgekehrt das Bewegliche als das Individuelle erweist. Zwei Tage nach dem zitierten Brief an Goethe pointiert er seine dahingehende Überlegung gegenüber Körner noch einmal: »Jeder Stoff will seine eigene Form, und die Kunst besteht darin, die ihm anpassende zu finden. Die Idee eines Trauerspiels muss immer beweglich und werdend sein, und nur virtualiter in hundert und tausend möglichen Formen sich darstellen.« (Brief an Körner vom 28. Juli 1800, NA 30, 181) Die erwähnten grundverschiedenen Untertitel der Dramen machen zielsicher auf dieses Moment aufmerksam. »Klassisch« würde in dieser

Perspektive folglich nicht etwa Reinheit einer Form heißen, sondern Individualität einer Form. Damit freilich wäre die Semantik von »klassisch« bereits verlassen.

Schon in den ersten gattungspoetologischen Reflexionen Schillers zeichnet sich diese Überzeugung von der notwendigen Individualisierung der Formen durch Gattungsmischung ab. In der »Unterdrückten Vorrede« zu den *Räubern* imaginiert der Autor etwa den »dramatischen Roman« oder das »theatralische Drama«, in denen sich der »ächte Genius des Dramas« jeweils realisieren könne (NA 3, 243 f.), und nicht zufällig ist von der Forschung zum Beispiel mit Blick auf die Gattungsüberschreitung in den *Räubern* die Operntradition geltend gemacht worden. Die Oper zieht Schiller auch für *Wallenstein* in Betracht, erwähnt aber zugleich die Chöre und kündigt damit bereits das in der *Braut von Messina* später realisierte Unternehmen eines Trauerspiels an, wo der Chor die Handlung befreien, den Leser in Freiheit setzen und das Drama gänzlich poetisieren soll (NA 10, 7–15). »Ich hatte immer ein gewisses Vertrauen zur Oper, dass aus ihr wie aus den Chören des alten Bacchusfestes das Trauerspiel in einer edlern Gestalt *sich* loswickeln sollte.« (Schiller an Goethe, 29. Dezember 1797; NA 29, 179) Paradoxerweise ist es dann mit der *Braut von Messina* gerade die strenge Form der antiken Tragödie, die Schiller zur exemplarischen Formulierung des Konzepts einer notwendigen Flexibilisierung der Gattungsbegriffe führt. Elementen der Oper und des Chores kommt schließlich auch in *Wilhelm Tell* Bedeutung zu, etwa beim Schwur am Rütli oder in der Schlussszene.

Wo immer es sich anzubieten scheint, ob nun in den Sprachverfahren, in den Formen der Geschichtsschreibung oder in der Poesie, stets nutzt Schiller die Techniken der Gattungsmischung und generell der Kombinatorik bewusst zur Erweiterung des Darstellungsrepertoires aus.

Gemeinsamkeiten: Historie, Macht und Schein

Das also ist als Erstes festzuhalten: In formaler Hinsicht weist jedes der fünf klassischen Dramen eine ganz eigene Struktur und Gestalt auf.

Daneben gibt es auffällige Gemeinsamkeiten. Mit Ausnahme der *Braut von Messina* sind es alles im weitesten Sinne historische Dramen. Die Einschränkung ist aufgrund von Schillers freiem Umgang mit geschichtlichen Fakten durchaus nötig, weil Fakten für den Autor zwar einen gewissen Rahmen bilden oder Anregungen geben können, doch nichts sind, woran er sich in Anbetracht der poetischen Freiheit wirklich zu halten gedenkt. Wie in den anderen Gattungen befolgt Schiller die Maxime, sich nichts vom gewählten Stoff vorschreiben zu lassen, sondern alles dem »Triumph der Darstellung« (NA 21, 14) unterzuordnen. Zum Beispiel verleiht Schiller in *Maria Stuart* der titelgebenden Figur ein sehr viel jüngeres Alter, als es der historischen Realität entspricht, um sowohl ihre sinnliche Attraktivität für die männlichen Akteure zu erhöhen als auch den Konflikt mit Elisabeth zu verschärfen, um also letztlich der Grundidee des Stücks deutlichere Konturen geben zu können. Es sind entschieden poetologische Gründe, die eine Modifikation der Fakten erforderlich machen.

Die wichtigste inhaltliche Gemeinsamkeit, wiederum mit Ausnahme des Formexperiments der *Braut von Messina*, besteht in der durchgängig verhandelten Frage nach den Konstellationen der Macht und insbesondere nach der Legitimität von Herrschaft. Während die frühen Dramen mehrfach um Figuren kreisen, die groß sein wollen und am Individualisierungsanspruch der Größe leiden (Karl und Franz Moor, Spiegelberg; Fiesko; Don Carlos), stellen die späten Dramen Akteure von wirklicher innerer und äußerer Größe auf die Bühne, Akteure, die im sicheren Wissen um ihre eigene Größe leben und daraus legitime Machtansprüche meinen ableiten zu dürfen. Dementsprechend geht es jetzt oftmals auf die eine oder andere Weise darum, wer der rechte Herr oder die rechte Frau im Hause ist. Herrscht der Kaiser noch in seinem Reich, oder ist nicht längst Wallenstein im Bewusstsein der Untertanen an seine Stelle getreten, wie Questenberg, der Abgesandte des Kaisers, befürchtet: »Hier ist kein Kaiser mehr. Der Fürst ist Kaiser!« (NA 8, 71) Und ist Elisabeth wirklich die rechtmäßige Königin Englands oder nicht doch eher Maria, die den Anspruch darauf erhebt: »Regierte Recht, so läget *Ihr* vor mir / Im Staube jetzt, denn *ich* bin Euer König.« (NA 9, 93) In der *Jungfrau von Orleans* wiederum ist der legitime französische König von den Engländern entmachtet und durch eine politische Marionette ersetzt worden. Ausgestattet mit göttlicher Macht, stellt Johanna die alten Verhältnisse wieder her. In *Wilhelm Tell* schließlich stehen die Schweizer treu zum Kaiser, anstatt sich der neuen Macht Österreich zu beugen, die durch Tells Gegenspieler Gessler repräsentiert wird. Dieses Muster angemaßter Herrschaft charakterisiert noch die nach 1800 entstandenen Dramenfragmente *Demetrius* und *Warbeck*. In *Wallenstein, Maria Stuart, Demetrius* und *Warbeck* steht zudem nicht nur die Legitimität der Macht auf dem Spiel, sondern die unrechtmäßige, vielfach auf Betrug gründende Usurpation der Macht.

Mit dem Betrug ist zugleich ein letzter signifikanter Vergleichspunkt der Dramen verknüpft, nämlich der Schein. Verstellung, Lüge, Intrige oder Täuschung – allesamt Spielarten des Scheins – zählten bereits zu den theatralischen Requisiten der frühen Dramen und prägten den fragmentarischen Roman *Der Geisterseher*. Später, in der Hochphase der ästhetischen Reflexion, entwickelte Schiller dann sein umfassendes Konzept vom »aufrichtigen Schein« des Kunstwerks: Weil das Kunstwerk niemals den Anspruch erhebt, an die Stelle der Realität zu rücken, sondern erkennbar nur so tut als ob, ist die von ihm erzeugte Illusion – eben der ästhetische Schein – »aufrichtig« (NA 20, 402–404). Auch der Schein ist demnach wieder eines der typischen Beispiele für Schillers mehrdeutige Funktionalisierung von Begriffen, indem der Autor den falschen, lügenhaften Schein vom zulässigen aufrichtigen Schein unterscheidet, wobei er freilich diese beiden Erscheinungsformen differenten Bereichen zuordnet. Einmal ist der Schein negativ, einmal positiv besetzt. Falscher Schein kann zu den Charakteristiken einer Person gehören, aufrichtiger Schein hingegen bezeichnet ein Strukturmerkmal von Kunstwerken.

Jetzt aber, in den späten Dramen, gewinnt das Problem des Scheins nochmals an Qualität, weil es ungleich komplexer, elaborierter und subtiler zur Anschauung gebracht wird; aus soziokultureller Sicht hängt das teilweise auch mit den Bedingungen der höfischen Welt zusammen, in der sich die Akteure hier überwiegend bewegen. Das handlungskonstitutive Element der Intrige, gleich ob als Liebesintrige oder politische Intrige, tritt partiell in den Hintergrund, obwohl Schiller natürlich nirgends ganz darauf verzichtet. Intrigen und Gegenintrigen bedürfen des Scheins, genauer: des falschen Anscheins, den sich Personen geben, um ein bestimmtes Ziel zu erreichen. Eine Figur kann sich folglich für oder gegen den Schein entscheiden, und die Differenz zwischen Schein und Sein ist klar ersichtlich. Die späten Dramen hingegen, die vielfach Variationen des Scheinhaften bieten, machen es dem Leser oder Zuschauer nicht mehr so leicht, weil die Übergänge von Sein und Schein, von Gut und Böse undeutlich, vor allem aber sehr viel komplizierter werden und damit auch die Einschätzung der Figuren erschweren. Sie zeigen, wie es in *Wallenstein* heißt, dass es »nicht immer möglich [ist], / Im Leben sich so kinderrein zu halten, / Wie's uns die Stimme lehrt im Innersten« (NA 8, 162).

Die »krummen Wege« des Scheins: *Wallenstein*

Auf die doppelte Gestalt von falschem und aufrichtigem Schein macht *Wallenstein* von Beginn an aufmerksam. Der Prolog zu *Wallensteins Lager* kulminiert im Lob des »aufrichtigen Scheins« der Kunst: »Ja danket ihrs [der Muse], dass sie das düstre Bild / Der Wahrheit in das heitre Reich der Kunst / Hinüberspielt, die Täuschung, die sie schafft, / Aufrichtig selbst zerstört und ihren Schein / Der Wahrheit nicht betrüglich unterschiebt, Ernst ist das Leben, heiter ist die Kunst.« (NA 8, 6) Auf der Handlungsebene des Dramas steht jedoch in allen drei Teilen der falsche Schein als lügenhafte Verstellung im Vordergrund. Das Vermögen zur korrekten Unterscheidung von Schein und Sein zählt nämlich zu den herausragenden Überlebensstrategien der Figuren, um im Spiel der Gewalten nicht zugrunde zu gehen. Wiederholt begegnet man im Rahmen von Situationsbeurteilungen Sätzen wie »Das ist nur der Schein« (NA 8, 11) oder »Es ist mir nur um den schönen Schein« (NA 8, 13). Darüber hinaus dient der Hinweis auf den Schein zur direkten Kennzeichnung von Personen, so wenn Wallenstein zu Octavio Piccolomini sagt: »Du rettest gern, so lang du kannst, den Schein« (NA 8, 203), und damit einen wesentlichen, durchaus nicht sympathischen Charakterzug Octavios markiert.

In *Die Piccolomini*, dem zweiten Teil der Trilogie, findet Schiller zudem ein wesentliches Sprachbild für das Problem des Scheins in der leitmotivischen Gegenüberstellung des Krummen und des Geraden, die als zugleich ethische und politische Kategorien von den Figuren begriffen werden. Wer gern den Schein retten möchte, wie Octavio, der geht mit Vorliebe die »krummen Wege«. Denn das Krumme wird im Horizont des politischen Kalküls häufig das Gebotene sein; mit den hierfür einschlägigen Schriften des politischen Denkers Niccolò Machiavelli (1469–1527) war Schiller gut vertraut. Wer sich hingegen im aufrechten Gang übt und Aufrichtigkeit als elementaren moralischen Wert einstuft, wie Octavios Sohn Max, der fühlt sich allein dem Geraden verpflichtet.

Die bildliche Opposition des Krummen und des Geraden wird im Generationskonflikt zwischen Octavio und Max Piccolomini regelrecht personalisiert und personifiziert. In Octavio und Max stehen sich freilich nicht nur Vater und Sohn sowie das Krumme und das Gerade gegenüber, sondern auch die Welt der Politik und die Welt der Liebe, das Alte und das Junge (Neue), das Langsame und das Schnelle; Vater und Sohn repräsentieren folglich zwei grundverschiedene Wertewelten. Zunächst belehrt Octavio seinen Sohn, »die alten, engen Ordnungen« (NA 8, 77) zu achten und das humane Moment des Krummen zu würdigen: »Der Weg der Ordnung, ging' er auch durch Krümmen, / Er ist kein Umweg. Grad aus geht des Blitzes / Geht des Kanonballs fürchterlicher Pfad – / Schnell, auf dem nächsten Wege, langt er an / Macht sich zermalmend Platz, um zu zermalmen. / Mein Sohn! Die Straße, die der Mensch befährt, / Worauf der Segen wandelt, diese folgt / Der Flüsse Lauf, der Täler freien Krümmen, / Umgeht das Weizenfeld, den Rebenhügel, / Des Eigentums gemessne Grenzen ehrend – / So führt sie später, sicher doch zum Ziel.« (NA 8, 77) Max dagegen hält nichts von solchen Ränkespielen der Staatskunst: »Ich will auf kürzerm Weg mir Licht verschaffen. / [...] / Wenn du geglaubt, ich werde eine Rolle / In deinem Spiele spielen, hast du dich / In mir verrechnet. Mein Weg muss gerad sein. / Ich kann nicht wahr sein mit der Zunge, mit / dem Herzen falsch [...]« (NA 8, 170) Später wiederholt Max diesen Vorwurf gegenüber Octavio noch einmal: »Dein Weg ist krumm, er ist der meine nicht. / [...] / O! wärst du wahr gewesen und gerade, / Nie kam es dahin, alles stünde anders!« (NA 8, 226)

Doch auch Wallenstein, ein Meister des Scheins, geht die krummen Wege und »hasst« sie keineswegs, wie Max naiverweise glaubt (NA 8, 127), ja Wallenstein ist die undurchsichtigste Figur in Schillers gesamtem dramatischen Werk – und er selbst legt großen Wert auf seine Undurchsichtigkeit. Von Terzky wird er darauf hingewiesen, dass die politischen Freunde die Geduld verlieren, »[w]eil du so krumme Wege machst – / Was sollen alle diese Masken? sprich!« (NA 8, 93). Terzky fordert, er solle mit seinen Winkelzügen andere nicht »zum besten haben« (NA 8, 94). Wallenstein aber, ein *Spieler* und »Rechenkünstler« (NA 8, 303) ersten Ranges, lässt sich nicht in die Karten blicken: »Und woher weißt du, dass ich ihn nicht wirklich / Zum besten habe? Dass ich nicht euch alle /

Zum besten habe? Kennst du mich so gut? / Ich wüsste nicht, dass ich mein Innerstes / dir aufgetan […] / Es macht mir Freude, meine Macht zu kennen; / Ob ich sie wirklich brauchen werde, davon, denk ich, / Weißt *du* nicht mehr zu sagen als ein andrer. / TERZKY: So hast du stets dein Spiel mit uns getrieben!« (NA 8, 94) Im Unterschied zu Octavio Piccolomini sind die krummen Wege für Wallenstein demnach nicht nur Teil eines politischen Kalküls, sondern auch eine Form *spielerischen* Selbstgenusses; sie sind eine Möglichkeit, die eigene Überlegenheit zu demonstrieren und auszuleben, Freund und Feind hinzuhalten und selbstherrlich allein die eigenen »Plane« (NA 8, 113) zu verfolgen. Da aber Wallenstein, der scheinbar unantastbare Souverän, seine *»Plane«* an die Sternendeutung knüpft, das heißt an die Stellung der *»Planeten«* (NA 8, 113), wird er gleichwohl zugrunde gehen. Denn »Plane« und »Planeten«, so nah Schillers abgründiges Wortspiel sie auch aneinanderrückt, laufen keineswegs parallel; was die Sprache lautlich verbindet, hat in der Sache noch lange nichts miteinander zu tun. Hier zeigt sich die Hybris eines zweifellos außergewöhnlichen Protagonisten, der die Wege des Kosmos glaubt als seine eigenen Wege auslegen zu dürfen.

Wallenstein und das Ganze

Der große Wert, den Wallenstein sich selbst zuschreibt, wird ihm allerdings auch von seiner Umgebung zugestanden. Das liegt zum einen natürlich an seinen überragenden militärischen Erfolgen als Feldherr, zum anderen aber an seiner besonderen Fähigkeit, Ganzheit zu stiften. Die hohe Qualität seiner Menschenführung beherrscht den ersten Teil der Trilogie,

Wallensteins Lager, in dem es fast keine Handlung gibt. Diese tendenzielle Handlungslosigkeit kündigt bereits der Prolog mit dem Hinweis an, es folge eine »Reihe von Gemälden« (NA 8, 6), die nicht nur ein Bild der Zeit des Dreißigjährigen Krieges entstehen lassen, sondern vor allem ein Porträt des noch gar nicht in Erscheinung tretenden Wallenstein. Aus gattungstheoretischer Sicht neigt dieser Teil, der von großem Wortwitz und einer Fülle an Sentenzen und pointierten Formulierungen geprägt ist, zur Komödie mit chorischen Elementen; mit Recht hat Goethe von einem »Lust- und Lärmspiel« gesprochen.[2] Dass die Figuren hier statt individueller Namen lediglich Funktionsbezeichnungen tragen wie Bauer, Jäger, Trompeter etc., weist auf die Allgemeingültigkeit der hier artikulierten Aussagen hin.

Wallenstein bildet das verborgene Zentrum der Dialoge – er wird also gezeigt, bevor er sich selber zeigt: in seinem Charakter, seinen Fähigkeiten, seinen Erfolgen, seiner Macht, seiner Anmaßung. Zunächst noch »heros absconditus« (Nikolas Immer), ist er aus Sicht der Untergebenen glaubwürdig, stet, erfolgreich, ehrlich und mächtig, kurz: ein Glückskind. Das geht freilich nicht mit rechten Dingen, sondern mit dem Teufel zu: »ZWEITER JÄGER Ja, er hat sich dem Teufel übergeben, / Drum führen wir auch das lustige Leben.« (NA 8, 24) Neben der Freiheit, die er den Soldaten ermöglicht – »Freiheit ist bei der Macht allein. / Ich leb und sterb bei dem Wallenstein.« (NA 8, 50) –, besteht sein größtes Verdienst aber darin, Ganzheit repräsentieren und Einheit herstellen zu können. Ganzheit erscheint als höchster Wert: »Man muss immer das Ganze überschlagen« (NA 8, 40), denn »im Ganzen, da sitzt die Macht!« (NA 8, 40) Solche und ähnliche Beobachtungen zum Ganzen münden direkt in das ausdrückliche Lob Wallensteins ein: »Sehn wir nicht aus wie aus einem Span? / Stehn wir nicht gegen den Feind geschlossen, / Recht wie zusammen geleimt und gegossen? / Greifen wir nicht wie ein Mühlwerk flink / In einander, auf Wort und Wink? / Wer hat uns so zusammen geschmiedet, / Dass ihr uns nimmer unterschiedet? / Kein andrer sonst als der Wallenstein!« (NA 8, 42) Auch in den *Piccolomini* wird dieses besondere Vermögen Wallensteins explizit hervorgehoben, sowohl von Buttler (NA 8, 68 f.) als auch von Max Piccolomini: »Wohl dem Ganzen, findet! Sich einmal einer, der ein Mittelpunkt / Für viele tausend wird, ein Halt [...]« (NA 8, 75). Wer wie Wallenstein in einer chaotischen, undurchsichtigen Kriegssituation vermag, das Ganze zu übersehen und zusammenzuhalten, der gibt Sicherheit und Orientierung und verdient demzufolge höchste Anerkennung.

Das für die geschichtsphilosophischen, anthropologischen und ästhetischen Reflexionen Schillers strukturbildende Konzept des Ganzen wird hier nicht nur direkt in einen dramatischen Handlungszusammenhang eingebettet und an einer im weitesten Sinne historischen Figur konkret veranschaulicht, sondern auch in nochmals veränderter, nämlich machttheoretischer Perspektive beleuchtet, in der sich Fragen der Lebens- und Menschenführung miteinander verbinden. Dabei gibt es erneut keinen Zweifel am überragenden Wert des Ganzen.

Zwischen Spiel und Schein: Wallenstein *verspielt* sein Leben

In den *Piccolomini*, dem zweiten Teil der Trilogie, setzt die eigentliche Handlung ein – und damit setzen zugleich die Intrigen und Gegenintrigen ein. In den Mittelpunkt der Aufmerksamkeit rückt dabei die Frage nach Wallensteins Stellung zum Kaiser, genauer: nach seiner Kaisertreue. Ist er dem Kaiser noch treu ergeben, oder kooperiert er womöglich mit den Schweden oder den Sachsen oder gar mit einer weiteren Partei? Diese Fragen treiben die Handlung voran. Nichtsdestoweniger werden die in *Wallensteins Lager* angelegten Motive und Facetten fortgeführt und ausgebaut, wie sich schon am Problem des »Ganzen« gezeigt hat. Im zunehmend schnelleren Gang der Handlung kommt nun auch Wallenstein als Person mehr und mehr zum Vorschein, bis er in der Szene II/2 zum ersten Mal selbst auftritt und der Rezipient die Möglichkeit erhält, das bisher indirekt entworfene Bild der Hauptfigur mit dieser unmittelbar zu vergleichen. Dabei springt die Differenz zwischen den in der Vergangenheit liegenden, offenbar von rascher Entschlossenheit geprägten Leistungen Wallensteins und seinem gegenwärtigen Zögern ins Auge, mit dem er sich alle Optionen offenhalten will: »Ich kann jetzt noch nicht sagen, was ich tun will.« (NA 8, 99) Noch vermag er Ganzheit zu stiften, doch er selbst ist längst isoliert. Sein permanentes Taktieren, sein berechnendes Wesen, seine »krummen Wege« sowie das durchaus verächtliche *Spiel*, das er beispielsweise mit vermeintlichen Vertrauten wie Buttler oder mit Max und Thekla spielt, machen ihn zwar undurchschaubar, entfremden ihn aber auch seiner Umgebung, ohne dass er sich dessen bewusst wäre.

Ästhetisch und anthropologisch, so die Argumentation von Schillers theoretischen Schriften, verbinden sich Spiel und Schein auf positive Weise. Das Drama zeigt sie jetzt als politisch zusammengehörige Konzepte auf der Ebene der Handlung, wechselt dabei jedoch die Bewertungsperspektive vollständig. Während das Spiel in anthropologischer Hinsicht ein

Moment der Freiheit und des Bei-sich-Seins gewährt, dient es im Handlungskontext des Dramas allein dem negativ konnotierten Beziehungsgefüge von Verstellung, Geheimnis, Intrige und Vertrauensmissbrauch. Mit der Entscheidung für diese grundfalsche Form des Spiels verfehlt Wallenstein zwangsläufig die zentrale Dimension des Spielgedankens. Zu Recht wirft ihm Terzky vor, dass er alle anderen zu Spielfiguren gemacht hat: »So hast du stets dein Spiel mit uns getrieben!« (NA 8, 94) Folglich kann sich das anthropologische Versprechen des Spiels, Freiheit und Selbstsein zu stiften, für Wallenstein nicht erfüllen: Denn er spielt nicht *als Mensch*, sondern *mit Menschen*.

In *Wallensteins Tod*, dem letzten Teil, gewinnt die Spielmetaphorik noch stärker an Gewicht. Zugleich wird mit der wachsenden Rolle des Spiels die Unterscheidung zwischen Gut und Böse immer schwieriger; das Maß an Desorientierung der Figuren nimmt ebenso zu wie dasjenige des Lesers. Da ist mal vom »falschen Spiel« die Rede (NA 8, 190), mal vom »eitlen Spiel« (NA 8, 202), mal vom »großen Spiel« (NA 8, 215) oder vom »schändlichen Spiel« (NA 8, 223). Aber das Spiel, das Wallenstein gespielt hat, verselbstständigt sich und gerät außer Kontrolle. Aus dem Zögern wird Entscheidungszwang: »Wie? Sollt ichs nun im Ernst erfüllen müssen, / Weil ich zu frei gescherzt mit dem Gedanken? Verflucht, wer mit dem Teufel spielt!« (NA 8, 182) Statt sich »ins Kleine« zurückzuziehen, beharrt er auf Zugeständnissen, die man seiner Größe zu machen habe, und vergleicht sich in seiner Selbstüberhebung mit »Cäsar« (NA 8, 209), um seinen extraordinären Rang zu betonen. Doch der »große Rechenkünstler« hat sich verrechnet. Sein lange Zeit treuester Offizier Buttler, den er auf finstere Weise hintergangen hat, bringt es auf den Punkt: »Ein großer Rechenkünstler war der Fürst / Von jeher, alles wusst er zu berechnen, / Die Menschen wusst er, gleich des Brettspiels Steinen, / Nach seinem Zweck zu setzen und zu schieben, / Nicht Anstand nahm er, andrer Ehr und Würde / Und guten Ruf zu würfeln und zu spielen. / Gerechnet hat er fort und fort und endlich / Wird doch der Kalkul irrig sein, er wird / Sein Leben selbst hinein gerechnet haben [...].« (NA 8, 303) Denn in Octavio Piccolomini hat er einen ebenbürtigen Gegenspieler auf gänzlich unvermuteter Seite gefunden. Dass dieser als sein Jugendfreund ihn hintergehen konnte, nimmt er förmlich als Austritt aus der Natur wahr. Dieser Verrat trifft ihn im Innersten. Dabei ist es von böser Ironie, dass er sich im Verhältnis zu Octavio für eine redliche, ja kindlich unschuldige Seele glaubt halten zu dürfen, weil sein vermeintlich »gerades Herz« dessen krummen Wegen nicht gewachsen war: »Nicht deine Klugheit siegte über meine, / dein schlechtes Herz hat über mein gerades / Den schändlichen Triumph davon getragen. / [...] / Ein Kind nur bin ich gegen solche Waffen.« (NA 8, 251f.) Dass Octavio, der Apologet der krummen Wege des Scheins, am Ende Wallensteins Platz einnimmt und der neue Fürst wird, bildet die logische Konsequenz dieses verlogenen Spiels um die Macht, in dem Wallenstein schließlich als betrogener Betrüger erscheint. Die letzten Worte des Dramas lauten folgerichtig: »Dem *Fürsten* Piccolomini.« (NA 8, 354)

Zu diesem Zeitpunkt ist Wallenstein bereits des Verrats überführt und ermordet worden, mitsamt vieler seiner Getreuen. Die drohende Insubordination gegenüber dem Kaiser ist abgewehrt, die alte, von Octavio verkörperte Ordnung aus Pflicht und Gehorsam tritt wieder in ihre Rechte.

Das Drama des Scheins: *Maria Stuart*

»Die Gewohnheit, zu *scheinen*« (NA 12, 135), wie es in *Warbeck* heißt, teilen etliche von Schillers Protagonisten. Doch am stärksten ist das Moment des Scheinhaften in *Maria Stuart* entfaltet, wo es sowohl ein Handlungselement als auch ein zentrales Reflexionselement mehrerer Figuren darstellt. Wenn Maria ihre Überlebensaussichten beurteilt, spielt Elisabeths Haltung zum Schein eine maßgebliche Rolle: »Ermorden lassen kann sie mich, nicht richten! / Sie geb es auf, mit des Verbrechens Früchten / Den heilgen Schein der Tugend zu vereinen, / Und was sie *ist*, das wage sie zu scheinen!« (NA 9, 37) Dass es nur auf den Schein ankomme, sieht Elisabeth aufgrund pragmatischer Erwägungen noch schärfer:

ELISABETH [...] Mich immer trifft der Hass der Tat. Ich muss! Sie eingestehn, und kann den Schein nicht retten. / Das ist das Schlimmste!

MORTIMER Was bekümmert dich / Der böse Schein, bei der gerechten Sache?

ELISABETH Ihr kennt die Welt nicht, Ritter. Was man *scheint*, / Hat jedermann zum Richter, was man *ist*, hat keinen.

(NA 9, 60)

Diese Überzeugung vom Wert des Scheins bestimmt zu großen Teilen ihr Handeln. Dass freilich der Schein doppeldeutig, nämlich mal »heilig« und mal »böse« ist, verunsichert die Figuren. Und nicht allein die Tatsache, dass sich eine Figur für die bewusste Verstellung entscheidet, vermag die Sicht auf sie zu prägen, sondern ob sie überhaupt den Anforderungen des

Scheins gewachsen ist: Der »Verstellung schwere Kunst« (NA 9, 22) will gut erlernt sein, wenn sie zum Erfolg führen soll. Von diesem Problem hat, wiewohl in nochmals anderer Wendung, auch Warbeck im gleichnamigen Fragment ein klares Bewusstsein: »Man muss / Ein Fürst gebohren seyn, um es zu scheinen.« (NA 12, 236)

Doppeltragödie der Weiblichkeit: Maria und Elisabeth

Über die Darstellung von Schein und Verstellung hinaus teilt *Maria Stuart* mit *Wallenstein* einen weiteren wichtigen Aspekt, da es ebenfalls ein historisches Drama ist, das die Rechtmäßigkeit von Herrschaft thematisiert. Außerdem aber eröffnet diese Doppeltragödie eine Fülle an Perspektiven, denn man kann es als Charakterdrama der zwei Hauptfiguren Maria und Elisabeth lesen, als Glaubensdrama über den Konflikt zwischen Protestantismus und Katholizismus, als politisches Drama über den Kampf zwischen England und Frankreich und nicht zuletzt als Geschlechterdrama, in dem weibliche und männliche Rollenbilder gegeneinandergestellt werden.

Maria Stuart zeichnet sich durch eine strikt symmetrische Form und einen klar antithetischen Aufbau aus. Es ist Schillers am strengsten gebaute Tragödie mit der Exposition im I. Akt, der steigenden Handlung im II., mit Klimax (Höhepunkt) und Peripetie (Umschlag) im III., mit fallender Handlung und retardierendem Moment im IV. und schließlich mit Katastrophe und Lösung im V. Akt. Symmetrie und Antithetik ergeben sich aufgrund der Anordnung nach Akten, Figuren und Schauplätzen. Der I. und V. Akt spielen im selben Zimmer und sind vornehmlich Maria gewidmet, der II. und IV. Akt zeigen Elisabeth jeweils im Palast zu Westminster. In symbolischer Hinsicht ist es bedeutsam, dass es sich jeweils um geschlossene und künstliche Räume handelt, in denen Maria und Elisabeth agieren, weil damit zugleich ihr Eingeschlossensein und ihr eng begrenzter Handlungsspielraum veranschaulicht werden. Dagegen findet der III. Akt in der offenen und natürlichen, Freiheit zumindest suggerierenden Szenerie eines Gartens statt, der überdies *»hinten eine weite Aussicht«* (NA 9, 79) gewährt; dass der Garten selbst von einer – wiewohl unsichtbaren – »Mauer« (NA 9, 79) umgeben ist, zeugt indes auch hier von einer Beschränkung der Möglichkeiten. Nichtsdestoweniger deutet die Offenheit des Gartens voraus auf den offenen Ausgang der einzigen Begegnung zwischen Protagonistin und Antagonistin: Die Szene III/4 bildet den Höhepunkt des Dramas. In der direkten Konfrontation der Königinnen kehrt sich die Herrschaftsstruktur für einen Augenblick um. Die äußerlich mächtige Elisabeth unterliegt im Rededuell der innerlich mächtigen Maria. Diese temporäre Umkehr der Kräftehierarchie wird durch den Nebentext gestützt, das heißt durch Regieanweisungen, die das Gestisch-Szenische des Figurenverhaltens festlegen. Während Maria zunächst unter Anerkennung der Machtkonstellation in einer Demutsgeste vor Elisabeth niederkniet (NA 9, 86), erhebt sie sich zunehmend äußerlich und innerlich zu eigener Größe: *»auffahrend«* und *»von Zorn glühend, doch mit einer edeln Würde«* (NA 9, 91 f.). Nach dieser Transformation von der Erniedrigung zur Erhebung vermag sie Elisabeth souverän in die Schranken zu verweisen: »Regierte Recht, so läget *Ihr* vor mir / Im Staube jetzt, denn *ich* bin Euer König.« (NA 9, 93)

Doch in diesem Konflikt geht es nicht nur um die politische Legitimität von Elisabeths Königtum, sondern auch um zwei Frauen, die einerseits mit den eigenen Ansprüchen an ihre Weiblichkeit kämpfen, andererseits mit jener Vorstellung der Männer (Mortimer und Leicester), dass Frauen lediglich Objekte, nämlich »Preis« und »Besitz« (NA 9, 62 und 67–70) seien, die man sich aus selbstherrlichen Gründen zu eigen machen könnte. Beide Frauen kommen als gemischte Charaktere mit entsprechenden Schwächen und Stärken zum Vorschein. Maria ist jung, äußerst attraktiv und der sinnlichen Lust zugewandt, gleichzeitig hat sie bereits mindestens einen Mord zu verantworten. Elisabeth, die insgesamt negativer gezeichnet wird, ist pflichtbewusst, außerordentlich reflektiert und leidet unter der Differenz zwischen Amt und Person: »Die Könige sind nur Sklaven ihres Standes, / Dem eignen Herzen dürfen sie nicht folgen.« (NA 9, 45) Im Gegenzug handelt sie extrem machtbewusst und berechnend. Nach kantischen Begriffen schematisiert: Elisabeth repräsentiert die Pflicht, Maria die Neigung. Dass Maria ihre Existenz als Sinnenwesen nicht verleugnet hat, dass sie folglich, emphatisch gesprochen, gelebt hat, begründet die große Missgunst Elisabeths, die nicht wagt, ihren Neigungen zu folgen. Sie will daher mit Maria nicht nur einen potenziellen politischen Usurpator vernichten, der ihrer Königswürde gefährlich wird, sondern auch eine Lebensform, die sie in ihrem Selbstverständnis als Frau elementar bedroht. Obgleich sie ihre Gegnerin schließlich hinrichten lässt, verbindet sich damit kein Sieg. Maria ist zwar tot, doch Elisabeth isoliert und allein. Darin besteht die doppelte Tragik.

Die für Schillers ethische und ästhetische Reflexion so dominante Frage der Selbstbestimmung wird am Beispiel der beiden Frauen noch einmal auf radikalisierte Weise durchgespielt. Die existenzielle Auseinandersetzung, welche die Figuren in diesem Zusammenhang mit den äußeren und inneren Bedingungen zu führen haben, lassen das Stück wesentlich als »Drama der inneren Handlung« (Karl S. Guthke) erscheinen.

Herzensdinge: *Die Jungfrau von Orleans*

In der *Jungfrau von Orleans* führt Schiller einerseits den in *Maria Stuart* entfalteten Geschlechterdiskurs fort und entwickelt andererseits eine dritte Variante für die Legitimitätsfrage. Diese Frage ist zweigeteilt. Sie bezieht sich sowohl darauf, welcher König der rechte Herrscher in Frankreich sein soll, als auch darauf, ob Johanna wahrlich berufen ist, Frankreich von den englischen Eindringlingen zu befreien, kurz: ob sie mit Gott oder mit dem Teufel im Bunde steht, ob sie ein »Götterkind der heiligen / Natur« (NA 9, 238) oder ein »jungfräulicher Teufel« (NA 9, 224), ja gar eine »Hexe« (NA 9, 292) ist. Für Johannas eigenen Vater besteht hier gar kein Zweifel, wenn er König Karl mit folgenden Worten ins Bild setzt: »Gerettet glaubst du dich durch Gottes Macht? / Betrogner Fürst! Verblendet Volk der Franken! / Du bist gerettet durch des Teufels Kunst.« (NA 9, 287)

Die Entscheidung über diese Frage führt ein Problem mit sich, das in *Kabale und Liebe* (NA 5, 21 f., 31 ff., 102 f.), *Wallenstein* (NA 8, 162 f., 166, 170, 251 f.) und *Maria Stuart* (NA 9, 148) zwar bereits mehrfach anklingt, doch erst hier zur vollen Durchbildung gelangt, nämlich ob das Herz eine verlässlichere Orientierung bietet als der Verstand. Damit greift Schiller eine der grundlegenden Dichotomien des 18. Jahrhunderts auf. Das Herz ist zentrales Motiv und Thema in diesem Drama. Gleich zu Beginn wird Johannas Herz kritisiert, weil sie sich nicht von ihrem Vater verheiraten lassen will: »Das Herz gefällt mir nicht, das streng und kalt / Sich zuschließt in den Jahren des Gefühls.« (NA 9, 169) Der Vater vermutet hier eine unzulässige Selbsterhebung Johannas über das vermeintlich Natürliche und spricht von einer »schweren Irrung der Natur« (NA 9, 169), vom »eitlen Trachten ihres Herzens« (NA 9, 171) sowie von einem »sündgen Hochmut in dem Herzen« (NA 9, 171). Raimond dagegen, der abgewiesene Heiratskandidat, gesteht Johanna »ein männlich Herz« zu (NA 9, 174) und charakterisiert sie großmütig als »löwenherzge Jungfrau« (NA 9, 174), weil sie offenbar stets beherzt agiert. Sobald sie Frankreichs Heer anführt, findet diese Beherztheit ihren symbolischen Ausdruck in den Machtattributen von Helm, Schwert und Fahne.

Nichtsdestoweniger wird es Johannas Herz sein, das sie ins finale Verderben führt, allerdings nicht aus Hochmut, sondern aus Liebe. Mehr noch als in *Wallenstein* bewahrheitet sich hier Wallensteins eigene Kennzeichnung des Herzens, nämlich der »gebietrische Vollzieher« des Schicksals zu sein (NA 8, 202). Im Gespräch mit Montgomery leistet sich Johanna zunächst noch die Verleugnung ihres Herzens, sagt sich vom weiblichen Geschlecht los und tötet ihn: »Nicht mein Geschlecht beschwöre! Nenne mich nicht Weib! / Gleichwie die körperlosen Geister, die nicht frein / Auf irdsche Weise, schließ ich mich an kein Geschlecht / Der Menschen an, und dieser Panzer deckt kein Herz.« (NA 9, 229) Sie begreift sich als »Kriegerin des höchsten Gottes«, die »keinem Manne [...] Gattin sein« könne (NA 9, 252) – andernfalls verlöre sie ihre göttliche Macht. Die Begegnung mit Lionel aber, dem sie in Liebe verfällt, belehrt sie über ihre eigene Endlichkeit und Weiblichkeit, indem sie ihr eine neue, menschliche Seite ihrer selbst zeigt: »Mir ist das Herz verwandelt und gewendet« (NA 9, 268). Diese Wendung erschreckt sie freilich und stürzt sie in eine tiefe Identitätskrise, weil sie als Schuld gegen Gott sowie als Vergehen an ihrer Bestimmung erscheint, alle Feinde zu töten: »Wer? Ich? / Ich eines Mannes Bild / In meinem reinen Busen tragen? / Dies Herz, von Himmels Glanz erfüllt, / Darf einer irdschen Liebe schlagen?« (NA 9, 269) Demzufolge kann ein Herz, das ihr augenscheinlich so übel mitspielt und sie irre an sich selbst werden lässt, nur ein »arglistig Herz« sein (NA 9, 269).

Nimmt man Johannas Dilemma näher in den Blick, dann zeigt sich eine auffällige Struktur- und Motivverwandtschaft zur Problemlage Elisabeths in *Maria Stuart*. Auch die *Jungfrau Elisabeth* soll heiraten, wenngleich aus Gründen der Staatsräson (Szene II/2). Doch auch Elisabeth weigert sich, den Ansprüchen, welche Staat und Natur an sie richten, zu genügen, weil sie fürchtet, mit der Bindung an einen Mann ihre Macht und Autonomie einzubüßen. Für den höchsten Wert hält sie ihre »jungfräuliche Freiheit« (NA 9, 45). Hinzu kommt, dass beide Frauen am Widerspruch zwischen Amt und Person, Aufgabe und Selbstbestimmung, Pflicht und Neigung leiden. Und beide beharren darauf, aufgrund ihrer exponierten Stellung nicht als Frau wahrgenommen zu werden, sondern »von dem Naturzweck ausgenommen« zu sein (NA 9, 45). Johanna findet dafür scharfe Worte, mit denen sich erneut eine Kritik des Herzens verbindet: »Ihr blinden Herzen! Ihr Kleingläubigen! / Des Himmels Herrlichkeit umleuchtet euch, / Vor eurem Aug enthüllt er seine Wunder, / Und ihr erblickt in mir nichts als ein Weib.« (NA 9, 254)

Während Elisabeth in ihrem Tun letztlich scheitert, endet die *Jungfrau von Orleans* mit der Apotheose und Rechtfertigung Johannas. Zwar stirbt sie am Schluss, hat ihre Mission aber erfüllt. Erst diese fast märchenhafte Verklärung Johannas im Verein mit der krisenhaften Liebesgeschichte macht verständlich, weshalb Schiller für dieses Drama die Gattungsbezeichnung der romantischen Tragödie gewählt hat.

Das Formexperiment der *Braut von Messina*

Im Vergleich zu seinen anderen späten Dramen zählt *Die Braut von Messina* zu den eher unbekannten Theaterstücken Schillers, zumal es selten aufgeführt und auch von der Forschung nur sporadisch untersucht worden ist. Zudem scheint es eine ganze Reihe von Merkmalen der anderen Dramen nicht zu teilen: Erstens ist der Stoff nur bedingt historisch und neigt eher der freien Erfindung zu.[3] Zweitens orientiert sich das Drama inhaltlich und formal an der antiken Tragödie, indem es einerseits das Ödipus-Motiv des zur Aussetzung bestimmten, doch geretteten Kindes aufgreift und indem es andererseits auf antike Strukturelemente wie die *anagnorisis* (Wiedererkennung) und den Chor baut. Drittens ist der durchaus sperrige Text zweigeteilt in theoretischen Vorspann und dramatisches Exempel, wodurch er noch deutlicher als formales Experiment erscheint. Viertens schließlich bietet er statt eines Charakterdramas ein Schicksalsdrama. Aus diesem Grund sind einerseits die Figuren nur gering individualisiert, andererseits erscheint ein Schicksalsdrama im Horizont der Aufklärung unwürdig, weil an die Stelle der Aufklärung der Mythos tritt, genauer: weil an die Stelle von Wahl und Selbstbestimmung das unentrinnbare Verhängnis zu rücken scheint, wobei mit diesem letzten Punkt zugleich das zentrale Thema des Stücks benannt ist.

Doch es gibt auch Berührungspunkte mit den anderen

Dramen: Das Motiv der feindlichen Brüder, welche dieselbe Frau lieben, findet bereits in den *Räubern* Verwendung; die Missdeutung der Träume hier – »alle Zeichen trügen« (NA 10, 109) – verweist auf die Missdeutung der Sterne in *Wallenstein*, gleichermaßen wie das Bild vom Krummen und Geraden (NA 10, 53 und 95–97); die Problematik der Selbstbestimmung schließlich teilt das Stück mit *Maria Stuart* und *Wilhelm Tell*.

Der Form nach handelt es sich um ein analytisches Drama mit kleiner Figurenkonstellation, dessen Handlungsgang allmählich zur Aufdeckung von zunächst verborgenen Zusammenhängen führt. Anders gesagt, die Handlung in diesem Familiendrama ist wesentlich eine mit Wiedererkennung verbundene, gestaffelte Enthüllungshandlung: Die Schwester Beatrice wird von den Brüdern Manuel und Cesar einzeln entdeckt, die Mutter entdeckt, dass die Braut der Söhne die eigene Tochter und somit deren Schwester ist, Cesar entdeckt, dass er den Bruder um der Schwester willen getötet hat. An die Stelle der politisch motivierten Intrige als Handlungsmovens ist hier das Geheimnis in doppelter Funktion getreten. Es dient der Geheimhaltung ebenso wohl wie der Verborgenheit der jeweiligen Figuren vor sich selbst. Diese Selbstverborgenheit der Figuren als »Geheimniss« (NA 10, 24 u. ö.) oder »Räthsel« (NA 10, 57) erweist sich nicht nur als ihr größtes Hindernis bei den Bemühungen um Selbstbestimmung, sondern deutet in größerer Perspektive bereits auf die Protagonisten im Werk Heinrich von Kleists voraus.

Der zentrale Konflikt besteht in der Konfrontation von Schicksalsgläubigkeit und Selbstbestimmung. Keine der Figuren scheint sich selbst über den Weg zu trauen, alle machen sich abhängig von nur schlecht deutbaren »Zeichen« (NA 10, 77 f.) und »Träumen« (NA 10, 65 f.). *Die Braut von Messina* ist eine zutiefst aufklärerische Tragödie in lediglich antiker Form, da sie den für die Aufklärung so elementaren Zusammenhang von Wissen und Selbstbestimmung indirekt vergegenwärtigt, indem sie gerade das zeigt, wovon sich die Aufklärung zu emanzipieren sucht – indem sie nämlich zeigt, dass die Figuren sich nicht selbst bestimmen können, weil sie weder etwas über sich selbst noch über den anderen wissen oder gar wissen wollen. Zu Beatrice' Eingeständnis »Wenn sie von dir mich, mein Geliebter, trennen, / Ein ewig Räthsel bleiben will ich mir, / Ich weiß genug, ich lebe dir!« (NA 10, 57) verhält sich Cesars Selbstbeschränkung komplementär: »Nicht forschen will ich, wer du bist – Ich will / Nur Dich von Dir, nichts frag ich nach dem andern.« (NA 10, 60) Wer aber nichts weiß, muss alles für Schicksal halten, was sich an ihm oder ihr vollzieht. Mehrfach betonen die Figuren, dass sie keine »Wahl« hätten. Beatrice sagt über ihr Schicksal: »Nicht frei erwählt ichs, es hat mich gefunden.« (NA 10, 56) Fast analog urteilt Cesar: »Die Freiheit hab ich und die Wahl verloren.« (NA 10, 60) Und auch Manuel bekennt: »Da ist kein Widerstand und keine Wahl.« (NA 10, 72)

Wenn Cesar sich am Schluss das Leben nimmt, so lässt sich dies zwar als paradoxer Akt endlich errungener Selbstbestimmung interpretieren, doch besteht die strukturelle Tragik darin, dass er genau damit das vorausgesagte Schicksal vom Untergang seines Geschlechts ausführt und besiegelt.

Freiheit und Natur: *Wilhelm Tell*

Auch *Wilhelm Tell* lenkt den Fokus auf das Problem der Selbstbestimmung, aber nicht in Relation zum Schicksal, sondern unter den Bedingungen der Vergesellschaftung. Und während die *Braut von Messina* nur eine kleine Figurenkonstellation und einen eng umgrenzten Handlungsraum aufweist, begegnet man in Schillers letztem abgeschlossenen Drama einem riesigen Figurenensemble, das sich gleich auf mehrere, miteinander verknüpfte Handlungsstränge aufteilt. So lassen sich mit der Tell-Handlung, der Rütli-Handlung und der Berta-Rudenz-Handlung zugleich verschiedene Dimensionen des Textes voneinander unterscheiden, die gleichwohl alle um die Frage nach der Freiheit kreisen; *Wilhelm Tell* ist ein Freiheitsdrama par excellence. Doch nicht in dem Sinne, dass hier Freiheit zu gewinnen wäre, sondern dass sie gegen Bedrohungen von außen (Österreich) und innen (Gessler) bewahrt werden muss. Denn auf dem Spiel steht die »alte Freiheit« (NA 10, 141 u. ö.) der Schweiz, die vom Kaiser ausgeht: »Frei war der Schweitzer von Uralters her.« (NA 10, 155) Mit dieser »alten Freiheit« sollen aber auch die »alten Sitten« (NA 10, 146), die »alte Schweiz« (NA 10, 155), die »alten Zeiten« (NA 10, 156) und die »alten Rechte« (NA 10, 188) gerettet und gesichert werden. Das Neue indes steht für Zwang, Knechtschaft und Niedertracht. Wenn sich die Schweizer dagegen zusammenschließen, so geschieht dies bewusst im Namen eines »uralt Bündniss [...] von Väter Zeit« (NA 10, 181), das sich auf unveräußerliches Naturrecht berufen darf, mehr noch: auf den »alten Urstand der Natur« (NA 10, 185). Mithin erweisen sich die Freiheit, die Natur und das Alte in der Perspektive des Textes als eminent positive, untrennbar verschränkte Werte, die der negativen Konstellation von Zwang, Künstlichkeit und dem Neuen diametral entgegengesetzt werden.

Tell als »der beste Mann im Land« (NA 10, 224)

Zunächst gegen seinen Willen fühlt sich der Protagonist Wilhelm Tell in diesen Konflikt hineingezogen. Exemplarisch wird an ihm die Dialektik von Einzelnem und Gesellschaft, von Idylle (Natur) und Geschichte, von Vertrautem und Fremdem, von Privatem und Öffentlichem durchgespielt. Im Rahmen dieses Prozesses durchläuft er eine bedeutsame Wandlung, die sich einerseits als Übergang vom naiven zum sentimentalischen Bewusstsein beschreiben lässt, andererseits als Zu-sich-selbst-Kommen der Figur.

Zwar erscheint er von Beginn an als immer kühn und hilfsbereit, doch zugleich als jemand, der als »Desperado mit Armbrust« (Nikolas Immer) seine eigenen Wege abseits der Gemeinschaft geht und sich jederzeit selbst zu helfen weiß. Auffällig dabei ist die Differenz zwischen seinem selbstbestimmten Handeln und seiner Art zu reden. Denn seine Handlungen sind stets individuell und außergewöhnlich, sein Reden dagegen bloß allgemein. Tell redet unablässig in Sentenzen und kommt damit in seiner subjektiven Eigentümlichkeit gar nicht zum Vorschein. Um nur wenige Beispiele zu geben: »Wo's Noth thut, Fährmann, lässt sich alles wagen.« (NA 10, 138) »Der brave Mann denkt an sich selbst zulezt.« (NA 10, 138) »Was Hände bauten, können Hände stürzen.« (NA 10, 149) »Der Starke ist am mächtigsten allein.« (NA 10, 151) Tell artikuliert sich nicht als Individuum, sondern sagt gleichsam auswendig gelernte Lebensregeln auf; er formuliert keine konkreten *Sätze*, sondern vermeintliche Naturgesetze. Dass er auf diese kurz angebundene Weise redet, hängt zweifellos mit seiner Verachtung »eitler Rede« und der damit einhergehenden mangelnden Entschlossenheit zusammen: »Mit eitler Rede wird hier nichts geschafft.« (NA 10, 138) Es hängt aber auch mit der impliziten Überzeugung zusammen, dass sich in diesen Sätzen die Ordnung der Welt ebenso abbildet, wie sie umgekehrt helfen, diese Ordnung zu garantieren. Die Sätze wirken demnach zwar häufig wie Belehrungen der Dialogpartner, bieten jedoch vor allem Tell Orientierung. So wie er mit seinen Handlungen die Dinge äußerlich ins Lot bringt, so schaffen diese Sätze innerlich Ordnung.

Mit der Apfelschussszene, also mit der Nötigung, die Armbrust auf sein eigenes Kind anzulegen, wird Tell aus der gewohnten Ordnung und somit aus der Sicherheit »seiner« Sprache katapultiert. Auf seine Behauptung kurz zuvor: »Ich helfe mir schon selbst« (NA 10, 210), klingt Gesslers Aufforderung, endlich zu schießen, wie ein zynisches Echo: »Jezt Retter hilf dir selbst – du rettest alle!« (NA 10, 217) Tell muss feststellen, dass er neben der Verantwortung für sich selbst auch Verantwortung für die Gemeinschaft trägt, von der er sein Recht auf Selbstbestimmung nicht gänzlich ablösen darf. Zum ersten Mal kann er nicht mehr frei handeln. Diesen Erkenntnisschock reflektiert Tell im langen Monolog der Szene V/3, wo er den Bruch des Bewusstseins durch Gessler thematisiert und beschließt, diesen zu töten. Dabei kommt Tell auch redend als verwandeltes Subjekt zur Geltung: »Ich lebte still und harmlos – Das Geschoss / War auf des Waldes Thiere nur gerichtet, / Meine Gedanken waren rein von Mord – / du hast aus meinem Frieden mich heraus / Geschreckt [...] / Wer sich des Kindes Haupt zum Ziele sezte, / Der kann auch treffen in das Herz des Feinds.« (NA 10, 244) Somit ergibt sich eine chiastische Struktur: Während Tell zuvor das individuell Außergewöhnli che vollbracht und allgemein geredet hat, so hat er jetzt etwas für die Allgemeinheit Gültiges getan und redet nun individuell.

Tell als Heilsbringer oder Mörder?

Die Bewertung von Gesslers Tötung durch Tells »Meisterschuss« (NA 10, 246) bereitet auf der Figurenebene keine Schwierigkeiten. Man feiert Tell als »Retter von uns allen« (NA 10, 267), weil er dem ganzen Land die Freiheit zurückgebracht hat. Abgesichert ist diese positive Sicht durch den Vergleich mit dem Vatermörder Johannes Parricida. Während Tell der Natur zu ihrem Recht verholfen zu haben scheint, hat Parricida sich an ihr vergangen. In dieser Unterscheidung besteht Tells Rechtfertigung: »Verfluche dich und deine That – Gerächt / Hab ich die heilige Natur, die *du* / Geschändet – Nichts theil' ich mit dir – Gemordet / Hast du, ich hab mein theuerstes vertheidigt.« (NA 10, 272)

Dieser Selbstdeutung hat sich die deutsche Forschungstradition weithin angeschlossen. Indessen wird Tell, ausgehend von der Frage nach der Legitimität des Tyrannenmords, im angelsächsischen Sprachraum wesentlich stärker als Mörder konturiert: Darf sich eine freiheitliche Gesellschaft überhaupt auf einem Mord begründen, wie es hier geschieht? Und sind die Beteiligten am Rütli-Schwur demzufolge Gerechte oder Verschwörer, modern gesprochen: »Parlamentarier« oder »Terroristen«? Während sich folglich die deutsche Perspektive mehr auf den starken Einzelnen als Selbsthelfer konzentriert, rückt die angelsächsische mit den staatstheoretischen Erwägungen zugleich die große politische Dimension des Stücks ins Licht.

Unabhängig von der Antwort auf diese Fragen zeigt sich, dass Schiller in seinem letzten vollendeten Theaterstück abermals die Legitimität von Herrschaftsformen zum Thema gemacht hat. Dabei sind es stets die Usurpatoren, die vernichtet werden: Wallenstein wird ermordet, Maria wird hingerichtet, die Engländer werden im Krieg besiegt, und Gessler, als Repräsentant der neuen Macht Österreich, wird erschossen. Umgekehrt heißt das: Jedes Mal setzt sich die alte Ordnung gegen die neue durch. Der Kaiser behält seine Macht ebenso wie Elisabeth; der französische König erhält sie durch Johanna zurück, und die »alte Schweiz«, welche Tell repräsentiert, bewahrt sich ihre »alte Freiheit«.

Schillers späte Dramen sind allesamt nach der Französischen Revolution als dem politischen Kulminationspunkt der Aufklärung entstanden, die in Frankreich das Ancien Régime zu Fall gebracht hat. Dass er, seit 1792 immerhin Ehrenbürger der Französischen Republik, auf dieses epochale Ereignis reagiert, indem er wie in den frühen, vor der Revolution verfassten Dramen *Die Verschwörung des Fiesko zu Genua* und *Don Carlos* durchweg das Alte über das Neue triumphieren lässt, ist ein erstaunlicher Befund. Er kann auf mindestens dreifache Weise gedeutet werden: erstens als Festhalten an einem bewährten dramaturgischen Muster; zweitens als entschieden politische Aussage; drittens aber als geschichtsphilosophischer Hinweis darauf, dass die mit dem Alten verbundene Verlässlichkeit der Welt am Ende nicht verloren gehen darf.

Schluss

Dass Schiller noch anderes und mehr geleistet hat, als hier skizziert werden konnte, sei abschließend zumindest angedeutet. So gehören zum dramatischen Werk natürlich auch seine wichtigen fragmentarischen Texte, namentlich *Die Malteser* (1803), *Warbeck* (1804) und vor allem der fast vollendete *Demetrius* (1804/05). Außerdem hat er einige fremde Theaterstücke für die Bühne bearbeitet: Goethes *Egmont*, Shakespeares *Macbeth* und Gozzis *Turandot*. Und er hat Übersetzungen aus dem Griechischen und dem Französischen vorgelegt: von Euripides, Vergil, Picard und Racine. Er wäre zu konturieren als Herausgeber, Rezensent, politischer Denker, Stratege des zeitgenössischen Literaturbetriebs oder auch als Verfasser einer umfangreichen Korrespondenz. Dies sind die diskursiven Ränder eines Œuvres, das dennoch ganz im Zeichen der Dichtung steht.

Anhang

Anmerkungen

Einführung

1   Schillers Werke werden unter Bandangabe und Seitenzahl nach der National-Ausgabe zitiert, abgekürzt mit der Sigle NA: Schillers Werke. Nationalausgabe. Begründet von Julius Petersen, fortgeführt von Liselotte Blumenthal und Benno von Wiese. Seit 1992 im Auftrag der Stiftung Weimarer Klassik und des Schiller-Nationalmuseums Marbach am Neckar hg. v. Norbert Oellers. Weimar 1943 ff.

Schillers Sprache

1   Johann Gottfried Herder: Abhandlung über den Ursprung der Sprache. In: ders.: Sprachphilosophie. Ausgewählte Schriften. Hg. v. Erich Heintel. Hamburg ³1975, S. 1–87, hier S. 42.

2   »Die Bedeutung eines Wortes ist sein Gebrauch in der Sprache.« Ludwig Wittgenstein: Philosophische Untersuchungen. In: ders.: Tractatus logico-philosophicus. Philosophische Untersuchungen. Leipzig 1990, S. 91–423, hier S. 123.

3   Johann Jakob Engel: Über Handlung, Gespräch und Erzählung. Hg. v. Ernst Theodor Voss. Stuttgart 1964, S. 61–63.

Schiller als Mediziner

1   Schiller an Goethe, 26. Dezember 1797: »Die dramatische Handlung bewegt sich vor mir, um die epische bewege ich mich selbst, und sie scheint gleichsam stille zu stehen. Nach meinem Bedünken liegt viel in diesem Unterschied. Bewegt sich die Begebenheit vor mir, so bin

ich streng an die sinnliche Gegenwart gefeßelt, meine Phantasie verliert alle Freiheit, es entsteht und erhält sich eine fortwährende Unruhe in mir, ich muss immer beim Objekte bleiben, alles Zurücksehen, alles Nachdenken ist mir versagt, weil ich einer fremden Gewalt folge. Beweg ich mich um die Begebenheit, die mir nicht entlaufen kann, so kann ich einen ungleichen Schritt halten, ich kann nach meinem subjectiven Bedürfniss mich länger oder kürzer verweilen, kann Rückschritte machen oder Vorgriffe thun u.s.f.« (NA 29, 176)

Schiller als Dramatiker I: Die frühen Dramen

1 Vgl. Gottfried Willems: Das Konzept der literarischen Gattung. Untersuchungen zur klassischen deutschen Gattungstheorie, insbesondere zur Ästhetik F. Th. Vischers. Tübingen 1981, S. 112 f.

2 Wilhelm von Humboldt: Ueber Göthes *Herrmann und Dorothea*. In: ders.: Werke in fünf Bänden. Hg. v. Andreas Flitner und Klaus Giel. Bd. II: Schriften zur Altertumskunde und Ästhetik. Die Vasken. Stuttgart ⁴1986, S. 290.

3 Das Zitat des Hippokrates lautet: »Quae medicamenta non sanant, ferrum sanat, quae ferrum non sanat, ignis sanat.« – »Was Arzneien nicht heilen, heilt Eisen; was Eisen nicht heilt, heilt Feuer.«

Schiller als Erzähler

1 Johann Karl Wezel: Herrmann und Ulrike. In: ders.: Gesamtausgabe in acht Bänden. Jenaer Ausgabe. Hg. v. Klaus Manger u. a. Bd. 3. Hg. v. Bernd Auerochs. Heidelberg 1997, S. 9.

2 Max Kommerell: Der Dichter als Führer in der Deutschen Klassik. Frankfurt / M. 1928, S. 219.

3 Georg Wilhelm Friedrich Hegel: Vorlesungen über die Ästhetik I. In: ders.: Werke. Hg. v. Eva Moldenhauer und Karl Markus Michel. Bd. 13. Frankfurt / M. 1989, S. 285.

4 Friedrich von Blanckenburg: Versuch über den Roman. Faksimiledruck der Originalausgabe von 1774. Hg. v. Eberhard Lämmert. Stuttgart 1965, S. 264 f.

5 Blanckenburg, S. 355.

Schiller als Historiker

1   Leopold von Ranke: Zur Kritik neuerer Geschichtsschreiber. In: ders.: Sämmtliche Werke. 2. Aufl., Bd. 34. Leipzig 1874, S. 24.

2   Johann Christoph Gatterer: Von der Historie überhaupt und der Universalhistorie in Sonderheit (1761). In: Theoretiker der deutschen Aufklärungshistorie. 2 Bde. Hg. v. Horst Walter Blanke und Dirk Fleischer. Stuttgart 1990, S. 303–311, hier S. 306.

3   Immanuel Kant: Idee zu einer allgemeinen Geschichte in weltbürgerlicher Absicht. In: ders.: Werke in zehn Bänden. Hg. v. Wilhelm Weischedel. Bd. 9: Schriften zur Anthropologie, Geschichtsphilosophie, Politik und Pädagogik. Darmstadt ^{5}1983, S. 31–50, hier S. 47.

4   Johann Christoph Gatterer: Von der Evidenz in der Geschichtskunde. In: Die Allgemeine Welthistorie, die in England durch eine Gesellschaft von Gelehrten ausgefertigt worden. Mit einer Vorrede Johann Christoph Gatterers hg. v. Friedrich Eberhard Boysen. Alte Historie, Band I. Halle 1767, S. 1–38, hier S. 21.

Schiller als Theoretiker

1   Vgl. dazu das Kapitel zur Lyrik.

Schiller als Dramatiker II: Die klassischen Dramen

1   Paul Thiry D'Holbach: System der Natur oder Von den Gesetzen der physischen und der moralischen Welt. Berlin 1960, S. 22.

2   Johann Wolfgang Goethe: Weimarischer, neudekorierter Theatersaal. Dramatische Bearbeitung der Wallensteinischen Geschichte durch Schiller. In: ders.: Ästhetische Schriften 1771–1805. Hg. v. Friedmar Apel. Frankfurt/M. 1998, S. 520–523, hier S. 521.

3   Zum offenbar doch vorhandenen historischen Hintergrund vgl. Peter-André Alt: Schiller. Leben – Werk – Zeit. Bd. 2. München ^{2}2004, S. 533.

Literaturhinweise

Schillers Sprache

Klaus L. Berghahn: Ästhetische Utopie und schöner Stil. Nachwort. In: Friedrich Schiller: Über die ästhetische Erziehung des Menschen. Hg. v. Klaus Berghahn. Stuttgart 2000, S. 253–286

Bernd Bräutigam: »Generalisierte Individualität«. Eine Formel für Schillers philosophische Prosa. In: »die in dem alten Haus der Sprache wohnen«. Beiträge zum Sprachdenken in der Literaturgeschichte. Festschrift für Helmut Arntzen. Hg. v. Eckehard Czucka. München 1991, S. 147–158

Helmut Koopmann: Denken in Bildern. Zu Schillers philosophischem Stil. In: Jahrbuch der Deutschen Schillergesellschaft 30/1986, S. 218–250

Dirk Oschmann: Schiller. Das Bewegliche als das Individuelle. In: ders.: Bewegliche Dichtung. Sprachtheorie und Poetik bei Lessing, Schiller und Kleist. München 2007, S. 149–200

Elizabeth M. Wilkinson: Zur Sprache und Struktur der *Ästhetischen Briefe*. Betrachtungen beim Abschluss einer mühevoll verfertigten Übersetzung ins Englische. In: Akzente 6/1959, S. 389–418

Schiller als Mediziner

Kenneth Dewhurst/Nigel Reeves: Friedrich Schiller. Medicine, Psychology and Literature. Oxford 1978

Wolfgang Riedel: Die Anthropologie des jungen Schiller. Zur

Ideengeschichte der medizinischen Schriften und der »Philosophischen Briefe«. Würzburg 1985

Jörg Robert: Philosophischer Arzt und *poeta medicus*. Literarische Anthropologie in der *Fieberschrift*. In: ders.: Vor der Klassik. Die Ästhetik Schillers zwischen Karlsschule und Kant-Rezeption. Berlin/Boston 2011, S. 55–121.

Hans-Jürgen Schings: Der philosophische Arzt. Anthropologie, Melancholie und Literatur im 18. Jahrhundert. In: ders.: Melancholie und Aufklärung. Melancholiker und ihre Kritiker in Erfahrungsseelenkunde und Literatur des 18. Jahrhunderts. Stuttgart 1977, S. 11–40

Gottfried Willems: »Vom Zusammenhang der tierischen Natur des Menschen mit seiner geistigen«. Das medizinische Wissen des 18. Jahrhunderts und der Menschenbildner Schiller. In: Schiller im Gespräch der Wissenschaften. Hg. v. Klaus Manger und Gottfried Willems. Heidelberg 2005, S. 57–77

Schiller als Dramatiker I: Die frühen Dramen

Walter Hinderer (Hg.): Interpretationen. Schillers Dramen. Stuttgart 2002

Nikolas Immer: Der inszenierte Held. Schillers dramenpoetische Anthropologie. Heidelberg 2008

Dirk Oschmann/Helmut Hühn/Peter Schnyder (Hg.): Schillers Zeitbegriffe. Hannover 2018

Lothar Pikulik: Der Dramatiker als Psychologe. Figur und Zuschauer in Schillers Dramen und Dramentheorie. Paderborn 2004

Rüdiger Zymner: Friedrich Schiller. Dramen. Berlin 2002

Literaturhinweise

Schiller als Lyriker

Kevin Hilliard: The Poet. In: Friedrich Schiller. Playwright, Poet, Philosopher, Historian. Hg. v. Paul E. Kerry. Oxford u. a. 2007, S. 59–94

Norbert Oellers (Hg.): Interpretationen. Gedichte von Friedrich Schiller. Stuttgart 1996

Ernst Osterkamp: Die Götter – die Menschen. Friedrich Schillers lyrische Antike. In: Schiller und die Antike. Hg. v. Paolo Chiarini und Walter Hinderer. Würzburg 2008, S. 239–255

Wolfgang Riedel: »Der Spaziergang«. Ästhetik der Landschaft und Geschichtsphilosophie der Natur bei Schiller. Würzburg 1989

Wulf Segebrecht: »Im Abgrund wohnt die Wahrheit«. Über die unpopuläre Popularität der Gedichte und Balladen Friedrich Schillers. In: Der ganze Schiller – Programm ästhetischer Erziehung. Hg. v. Klaus Manger und Nikolas Immer. Heidelberg 2006, S. 583–600

Schiller als Erzähler

Hans Richard Brittnacher: Schiller als Erzähler und Romancier. *Der Geisterseher* und seine Fortsetzungen. In: Friedrich Schiller. Die Realität des Idealisten. Hg. v. Hans Feger. Heidelberg 2006, S. 343–365

Christa Bürger: Schiller als Erzähler? Von der Kunst des Erzählens zum Erzählen als Kunst. In: Friedrich Schiller. Angebot und Diskurs. Hg. v. Helmut Brandt. Berlin / Weimar 1987, S. 33–48

Max Kommerell: Schiller als Psychologe. In: ders.: Geist und Buchstabe der Dichtung. Frankfurt / M. [6]1991, S. 175–242

Gerhard Neumann: Die Anfänge deutscher Novellistik. Schillers »Verbrecher aus verlorener Ehre« – Goethes »Unterhaltungen deutscher Ausgewanderten«. In: Unser Commercium. Goethes und Schillers Literaturpolitik. Hg. v. Wilfried Barner, Eberhard Lämmert und Norbert Oellers. Stuttgart 1984, S. 433–460

Yvonne Nilges: Der Mensch im Wolf. Schillers Erzählung »Verbrecher aus Infamie«. In: dies.: Schiller und das Recht. Göttingen 2012, S. 37–86

Schiller als Historiker

Otto Dann / Norbert Oellers / Ernst Osterkamp (Hg.): Schiller als Historiker. Stuttgart 1995

Daniel Fulda: Wissenschaft aus Kunst. Die Entstehung der modernen deutschen Geschichtsschreibung 1760–1860. Berlin / New York 1996, S. 228–263

Michael Hofmann / Jörn Rüsen / Mirjam Springer (Hg.): Schiller und die Geschichte. München 2006

Stephan Jaeger: Schiller und die Quellen seiner Geschichtsschreibung. In: Jahrbuch der Deutschen Schiller-Gesellschaft 52/2008, S. 216–246

Thomas Prüfer: Die Bildung der Geschichte. Friedrich Schiller und die Anfänge der modernen Geschichtswissenschaft. Köln / Weimar / Wien 2002

Schiller als Theoretiker

Frederick C. Beiser: Schiller as Philosopher. A Re-Examination. Oxford 2005

Georg Bollenbeck / Lothar Ehrlich (Hg.): Friedrich Schiller. Der unterschätzte Theoretiker. Köln/Weimar/Wien 2007

Stefan Matuschek: Coincidentia oppositorum und transzendentale Muße. Spiel als ästhetische Autonomie bei Kant und Schiller. In: ders.: Literarische Spieltheorie. Von Petrarca zu den Brüdern Schlegel. Heidelberg 1998, S. 183–214

Alice Stašková: Friedrich Schillers philosophischer Stil. Logik – Rhetorik – Ästhetik. Paderborn 2021

Elizabeth M. Wilkinson/Leonard A. Willoughby: Schillers ästhetische Erziehung des Menschen. Eine Einführung. München 1977

Schiller als Dramatiker II: Die klassischen Dramen

Dieter Borchmeyer: Macht und Melancholie. Schillers Wallenstein. Frankfurt/M. 1988

Karl S. Guthke: Schillers Dramen. Idealismus und Skepsis. Tübingen ²2005

Nikolas Immer: Der inszenierte Held. Schillers dramenpoetische Anthropologie. Heidelberg 2008

Dirk Oschmann/Helmut Hühn/Peter Schnyder (Hg.): Schillers Zeitbegriffe. Hannover 2018

Günter Saße (Hg.): Schiller. Werkinterpretationen. Heidelberg 2005

Biografische Eckdaten

1759 Geburt Schillers in Marbach am Neckar

1766 Umzug der Familie nach Ludwigsburg

1773 Eintritt Schillers in die Karlsschule bei Stuttgart

1776 Beginn des Medizinstudiums

1782 Erstaufführung der *Räuber*

1782 Flucht nach Mannheim und Asyl in Bauerbach bei Henriette von Wolzogen

1783 Einjähriger Vertrag als Theaterdichter am Mannheimer Nationaltheater

1785 Übersiedlung nach Dresden, enge Freundschaft mit Christian Gottfried Körner

1787 Einladung nach Weimar, Bekanntschaft mit Wieland und Herder

1789 Umzug nach Jena

1791 schwere Krankheit, von der er sich zeitlebens nicht wieder erholt

1791 Studium Kants, vor allem *Kritik der Urteilskraft*

1792 Verleihung des Bürgerrechts an Schiller durch die Französische Nationalversammlung

1794 Bekanntschaft mit Goethe, Fichte und Wilhelm von Humboldt

1799 Umzug nach Weimar

1805 Schillers Tod

»Der Osten hat keine Zukunft, solange er nur als Herkunft begriffen wird.«

Was bedeutet es, eine Ost-Identität auferlegt zu bekommen? Eine Identität, die für die wachsende gesellschaftliche Spaltung verantwortlich gemacht wird? Der Attribute wie Populismus, mangelndes Demokratieverständnis, Rassismus, Verschwörungsmythen und Armut zugeschrieben werden? Dirk Oschmann zeigt in seinem augenöffnenden Buch, dass der Westen sich über dreißig Jahre nach dem Mauerfall noch immer als Norm definiert und den Osten als Abweichung. Unsere Medien, Politik, Wirtschaft und Wissenschaft werden von westdeutschen Perspektiven dominiert. Pointiert durchleuchtet Oschmann, wie dieses Othering unserer Gesellschaft schadet, und initiiert damit eine überfällige Debatte.

»Wer über den Beitritt und die Folgen sprechen will, wird um dieses Buch nicht herumkommen.« Ingo Schulze

Dirk Oschmann
Der Osten: eine westdeutsche Erfindung

Klappenbroschur
Auch als E-Book erhältlich
www.ullstein.de

ullstein